Wolfgang Schmidt

Der Bedeutungsverlust der Konfirmation in der Kirchengemeinde Grimmen seit der Gründung der DDR

Ludwig

Bibliografische Information der Deutschen Nationalbibliothek
Die Deutsche Nationalbibliothek verzeichnet diese Publikation in der Deutschen Nationalbibliografie; detaillierte bibliografische Daten sind im Internet über https://portal.dnb.de abrufbar.

Holtenauer Straße 141
24118 Kiel
Tel.: 0431-85464
Fax: 0431-8058305
info@verlag-ludwig.de
www.verlag-ludwig.de

Satz & Layout: Daniela Zietlow

Bildnachweis:
Abb. 1 und 8: Wolfgang Lehmann
Abb. 2, 3, 6, 10 und Umschlagbild: Pfarrarchiv Grimmen
Abb. 4, 5 und 9: Grafik: Markus Kaufhold
Abb. 11: Pfarrarchiv Grimmen, Foto: Friedrich Winter

Gedruckt auf säurefreiem und alterungsbeständigem Papier
Printed in Germany

ISBN 978-3-86935-463-7

VORWORT

Während der Zeit meiner pfarramtlichen Tätigkeit in der Kirchengemeinde Grimmen bin ich in Kontakt mit Haik Porada gekommen, einem Historiker, der hier in Grimmen aufgewachsen ist. Gemeinsam haben wir zwei Publikationen über die geschichtliche Entwicklung der Grimmer Kirchengemeinde und des einstigen Grimmer Kirchenkreises über den Verlag Ludwig in Kiel herausgeben können: »Die Marienkirche in Grimmen und ihre Gemeinde« und »Kirchliches Leben zwischen Trebel und Strelasund«.

Da vor allem der zweite Band aber von seinem Umfang und von seiner Größe so kompakt ist, hat der Lesende es schwer, diesen zu halten. Vermehrt ist deshalb die Bitte an mich herangetragen worden, einige der dort veröffentlichten Beiträge noch einmal gesondert erscheinen zu lassen. Dieses Anliegen greife ich am Ende meiner Grimmer Dienstzeit gerne auf. Mindestens sechs kleine Grimmer Bände sollen nun noch im Jahr 2024 erscheinen.

Einer davon ist mein Aufsatz über den Bedeutungsverlust der Konfirmation in der Grimmer Kirchengemeinde nach Gründung der DDR. Hier werden nun im Gegensatz zu dem Erstdruck die Grafiken farbig gestaltet sein. Auch wird eine weitere Abbildung aufgenommen werden können, die ich im Pfarrarchiv gefunden habe: eine Grimmer Konfirmationsurkunde aus dem Jahre 1948, überreicht an Gustav Seils, einem Sohn von Ernst Ferdinand Seils, der in den Jahren 1939–1954 als Superintendent und Pfarrer in Grimmen tätig war.

Dieser kurze Aufsatz dürfte aber auch deshalb Interesse erwecken, da der Bedeutungsverlust der Konfirmation in der Kirchengemeinde Grimmen auch nach dem Ende der DDR und der Wiedervereinigung Deutschlands in überproportionaler Weise anhält. Im Gegensatz zu den umliegenden Pfarrbereichen hat Grimmen auch gegenwärtig prozentual noch immer die wenigstens Konfirmanden und Konfirmandinnen. Und das, obwohl Grimmen Schulzentrum ist und mit Abstand die größte Kirchengemeinde im näheren Umkreis stellt.

Auch in meiner 13-jährigen Tätigkeit als Grimmer Pastor musste ich mehrheitlich die Erfahrung machen, dass Eltern, die ihre Kinder einst taufen ließen, ihre Kinder lieber zur Jugendweihe schicken, als am Konfirmandenunterricht teilnehmen zu lassen. Begründet wurde mir diese Entscheidung gegenüber mit der Schulsituation: Die Kinder seien sonst in der Klasse isoliert.

Für die Eltern auf dem umliegenden Lande hingegen spielte dieses Argument kaum eine Rolle. Selbstverständlich wurden dort die getauften Kinder zum Konfirmandenunterricht geschickt, was ich während meiner Zeit als Vakanzvertreter in den Pfarrbereichen Steinhagen und Großbisdorf mit Freude erleben konnte.

Statistiken und Zahlen zu den Konfirmanden in der Kirchengemeinde Grimmen werden für Interessierte in dem Band »Meine Dienstzeit als Gemeindepfarrer in Grimmen von 2011 bis 2024« dazu zu finden sein.

Wolfgang Schmidt

INHALT

Etablierung der Jugendweihe in der DDR[1]

Seitdem in der DDR die ersten Jugendweihen für Jugendliche veranstaltet wurden,[2] breitete diese sich zunächst langsam und, nachdem sie die staatliche Unterstützung erfuhr, in kurzer Zeit über das gesamte Gebiet der einstigen DDR aus.[3] Zielgruppe waren die 14 Jahre alten Mädels und Jungens, die kurz vor Verlassen der achtklassigen Schule noch ihre Jugendweihe empfangen sollten.

Die Jugendweihe trat somit genau an die Stelle, wo bisher die Konfirmation gefeiert wurde. Hinzu kam der von den SED-Machthabern bewusst gewählte Zeitpunkt der Jugendweihe, die ebenso wie die Konfirmation zwischen dem Oster- und Pfingstfest begangen wurde.

Damit standen die evangelisch getauften Jugendlichen und deren Eltern vor dem Dilemma, sich entscheiden zu müssen, an der Jugendweihe teilzunehmen oder sich diesem staatlichenideologischen Ritual zu entziehen. Das betraf zu Beginn des Aufkommens der Jugendweihe die allermeisten Elternhäuser, da diese zu diesem Zeitpunkt – zumindest in der Region um Grimmen – fast ausschließlich der Evangelischen Kirche angehörten.

Zugleich mussten sich die Evangelischen Kirchen in der einstigen DDR entscheiden, wie sie gedachten, mit dieser veränderten Situation umzugehen, da die Jugendweihe bewusst in Konkurrenz zur Konfirmation etabliert worden war.

Dieser staatliche »Konkurrenzveranstaltung« wurde überdies ein attraktives Rahmenprogramm für die an der Jugendweihe teilnehmenden jungen Heranwachsenden beigegeben. Dieses beinhaltete Exkursionen und diverse Unternehmungen. Voraussetzung war allerdings die Teilnahme an zehn Jugendstunden, in denen den Jugendlichen die Geschichte der Arbeiterbewegung, der Kampf der Sowjetunion im Großen Vaterländischen Krieg und die Entwicklung des sozialistischen Gesellschaftssystems erläutert worden sind. Ein Schwerpunkt dabei war natürlich, die Jugendlichen zu einem Atheismus zu erziehen und jegliche Formen des Glaubens an Gott in Frage zu stellen.

Bereits im Jahr 1955 begann ein offensives Werben um die Teilnahme der jungen – und noch an die Kirchen gebundenen – Heranwachsenden für die Jugendweihe. In einem am 10. Januar 1955 von der SED in der Ostsee-Zeitung veröffentlichen Artikel wird mit »einem offenen Wort zur Jugendweihe« eine Begründung zu geben versucht, weshalb die Jugendweihe so bedeutungsvoll sei. In der Begründung, weshalb die Jugendweihe von den Jugendlichen gewählt werden solle, heißt es, dass diese nicht nur ein Festtag im Leben der Familie sei, sondern Bedeutung für breiteste Schichten des neuen demokratischen und friedliebenden Gemeinwesens darstelle und so zu einem allgemeinen gesellschaftlichen Ereignis werde.

In diesem Artikel sucht die SED auch die Konfrontation mit der Kirche und weist im seinerzeit typischen Duktus darauf hin, dass die Bevölkerung es viel lieber sähe, wenn kirchliche Kreise ihre Unduldsamkeit gegen die Feinde des Friedens und Wegbereiter eines neuen Krieges richten und sich mit ihren Taten für die Durchsetzung des Bibelwortes »Frieden auf Erden« einsetzen würden, anstatt mit dem Kampf gegen die Jugendweihe bewusst von dieser entscheidenden Frage abzulenken und gewollt oder ungewollt das teuflische Werk der Organisatoren des kalten Krieges zu fördern.[4]

Als gemeinsame Aufgabenstellung sah es die SED in dieser Verlautbarung an, dass die Kreis- und Ortsausschüsse für Jugendweihe die Menschen geduldig und beharrlich über den Charakter der Jugendweihe aufklären und diese gut vorbereiten müssten, damit die Jugendweihe in der DDR in jeder Hinsicht zu einem Erfolg und zu einem bedeutenden feierlichen Ereignis im Leben des Volkes werde.

Das inhaltliche Programm der zehn Jugendstunden bzw. zehn Themen, die die Voraussetzung zur Teilnahme an der Jugend-

Abb. 1 Die Schulstraße in Grimmen 1962.

weihe darstellten, wurden offensiv propagiert und waren verbindlich von den zentralen Ausschüssen für Jugendweihe mit folgenden Themen durchzuführen:[5]

1. Woher kommt das Leben auf der Erde?
2. Wie der Mensch zum Riesen wurde!
3. Und die Erde bewegt sich doch!
4. Einen zuverlässigen Wegweiser braucht jeder Mensch – brauchst auch du!
5. Der Sowjetmensch – Eroberer des Weltraumes – bester Freund des deutschen Volkes!
6. Brüder, seht die rote Fahne.
7. Mit allen Kräften der sozialistischen Zukunft entgegen.
8. Das neue Leben erfordert neue Menschen.
9. Wir wollen das Schöne uns machen zu eigen und dienen dem Wahren mit ganzer Kraft. (Johannes R. Becher)[6]
10. Völker, hört die Signale.

Das offensive Werben der SED um eine Teilnahme der Jugendlichen an der Jugendweihe war die Ausgangslage, mit der sich nun auch die Schüler der achten Klasse und deren Eltern in Grimmen konfrontiert sahen. Sie waren zwar nicht gefordert, sich gegen die Feier der Konfirmation zu entscheiden, was erst in den Folgejahren immer stärker forciert wurde, sondern ob ihre Kinder an der Jugendweihe und somit an zwei Festen, der Konfirmation und der Jugendweihe, teilnehmen sollen oder nicht.

Entwicklung von Konfirmation und Jugendweihe in der Frühphase der Etablierung des »staatlichen Ersatzrituals« im Kirchenkreis Grimmen

Für die Jahre 1955 bis 1957 liegen im Pfarrarchiv Grimmen handschriftliche Aufzeichnungen darüber vor, wie hoch die Anzahl der Jugendlichen war, die an der Jugendweihe im Kirchenkreis Grimmen teilnahmen.[7] Es ist aufgrund des starken Werbens der SED nicht verwunderlich, dass bereits 1955 zahlreiche Jugendliche für die Jugendweihe gewonnen werden konnten.

Nur schwer zu verstehen ist allerdings, dass in der Stadt Grimmen bereits im Jahr 1955 ein Fünftel aller Jugendlichen an der Jugendweihe teilnahmen. In den Dörfern des Kirchenkreises Grimmen stellt sich eine völlig andere Situation dar, wo die Beteiligung der Jugendlichen an der Jugendweihe relativ gering gewesen ist.[8] In Horst, Christow, Rolofshagen, Stoltenhagen und Vorland feierten im Jahr 1955 alle evangelischen Jugendlichen ausnahmslos nur ihre Konfirmation.[9]

Auch in den Folgejahren 1956 und 1957 betrug in Grimmen der Anteil derer etwa ein Viertel, die sowohl an der Konfirmation als auch an der Jugendweihe teilnahmen. Allerdings schien den Zentralausschüssen für Jugendweihe bereits im Jahr 1957

Kirchgemeinde	Konfir-mationen	Jugendweihe-teilnehmer des Konfirmations-jahrgangs	Anteil der Jugendlichen, die sowohl an der Konfirmation als auch an der Jugendweihe teilnahmen	Haben sich Älteste am Unterricht zur Jugendweihe beteiligt oder dafür eingesetzt?
		1955		
Abtshagen	54	2	3,7 %	nein
Brandshagen	58	2	3,4 %	nein
Elmenhorst	73	2	2,7 %	nein
Grimmen	157	32	20,4 %	nein
Christow	54	0	0,0 %	nein
Horst	40	0	0,0 %	nein
Kirch-Baggendorf	66	1	1,5 %	nein
Reinberg	23	0	0,0 %	nein
Reinkenhagen	50	4	8,0 %	nein
Rolofshagen	27	0	0,0 %	nein
Stoltenhagen	7	0	0,0 %	nein
Tribsees	110	7	6,4 %	nein
Vorland	43	0	0,0 %	nein
Kirchenkreis Grimmen	762	50	6,6 %	nein
Stadt Grimmen	157	32	20,4 %	nein
Ländlicher Raum	605	18	3,0 %	nein
		1956		
Abtshagen	33	2	6,1 %	nein
Brandshagen	38	0	0,0 %	nein
Elmenhorst	61	1	1,6 %	nein
Grimmen	126	32	25,4 %	nein
Christow	48	1	2,1 %	nein
Horst	37	1	2,7 %	nein

Kirchgemeinde	Konfirmationen	Jugendweiheteilnehmer des Konfirmationsjahrgangs	Anteil der Jugendlichen, die sowohl an der Konfirmation als auch an der Jugendweihe teilnahmen	Haben sich Älteste am Unterricht zur Jugendweihe beteiligt oder dafür eingesetzt?
Kirch-Baggendorf	44	2	4,5 %	nein
Reinberg	17	0	0,0 %	nein
Reinkenhagen	22	1	4,5 %	nein
Rolofshagen	14	0	0,0 %	nein
Stoltenhagen	10	0	0,0 %	nein
Tribsees	83	14	16,9 %	nein
Vorland	39	2	5,1 %	nein
Kirchenkreis Grimmen	572	56	9,8 %	nein
Stadt Grimmen	126	32	25,4 %	nein
Ländlicher Raum	446	24	5,4 %	nein
1957				
Abtshagen	39	7	17,9 %	nein
Brandshagen	28	1	3,6 %	nein
Elmenhorst	50	0	0,0 %	nein
Grimmen	112	28	25,0 %	nein
Christow	33	0	0,0 %	nein
Horst	19	0	0,0 %	nein
Kirch-Baggendorf	30	2	6,7 %	nein
Reinberg	17	4	23,5 %	nein
Reinkenhagen	33	8	24,2 %	nein
Rolofshagen	10	0	0,0 %	nein
Stoltenhagen	7	2	28,6 %	nein
Tribsees	68	8	11,8 %	nein
Vorland	35	1	2,9 %	nein

Kirchgemeinde	Konfir-mationen	Jugendweihe-teilnehmer des Konfirmations-jahrgangs	Anteil der Jugendlichen, die sowohl an der Konfirmation als auch an der Jugendweihe teilnahmen	Haben sich Älteste am Unterricht zur Jugendweihe beteiligt oder dafür eingesetzt?
Kirchenkreis Grimmen	481	61	12,7 %	nein
Stadt Grimmen	112	28	25,0 %	nein
Ländlicher Raum	369	33	8,9 %	nein
1955–1957				
Kirchenkreis Grimmen	1.815	167	9,2 %	nein
Stadt Grimmen	395	92	23,3 %	nein
Ländlicher Raum	1.420	75	5,3 %	nein

Tabelle 1 Teilnahme an Konfirmation und Jugendweihe unter evangelischen Jugendlichen im Kirchenkreis Grimmen (1955–1957)[10]

ein großer Durchbruch gelungen zu sein, da auch auf den Dörfern Abtshagen und Tribsees ein signifikant höherer Anteil der Jugendlichen sowie in den Dörfern Reinberg, Reinkenhagen und Stoltenhagen sogar ein ebenso hoher Anteil wie in Grimmen sowohl zur Konfirmation als auch zur Jugendweihe gingen (Tabelle 1).

Wie hoch der Anteil derer ist, die in den Jahren zwischen 1955 bis 1957 auf die Konfirmation verzichteten und nur noch an der Jugendweihe teilnahmen, kann nicht festgestellt werden, da hierzu keine Angaben vorliegen. Allerdings sind die Gesamtzahlen der Konfirmierten von 1955 bis 1957 im Kirchenkreis Grimmen stark rückläufig. Gingen im gesamten Kirchenkreis im Jahr 1955 noch 762 Jugendliche zur Konfirmation, waren es nur zwei Jahre später lediglich 481 Jugendliche; in der Stadt Grimmen sank die Anzahl der Konfirmanden im gleichen Zweitraum von 157 auf 112.

Reaktionen aus Landeskirche, Kirchenkreis sowie Kirchengemeinde auf die Propagierung der Jugendweihe

Rundverfügung des Greifswalder Konsistoriums vom 12. Dezember 1954

Das Konsistorium der Greifswalder Kirche hat sich mit einer Rundverfügung vom 27. Dezember 1954 an alle Pfarrämter gewandt und versandte neben allgemein erläuternden Hinweisen auch den Aufruf des Zentralen Ausschusses für Jugendweihe vom 17. November 1954 sowie ein Schreiben der Greifswalder Kirchenleitung vom 17. Dezember 1955. Der Präses der Greifswalder Kirchenleitung, Dr. Rautenberg,[11] und dessen Stellvertreter baten darum, dass dieses Wort in den Gottesdiensten zu Weihnachten und danach bis Neujahr an die Gemeinden und ihre Glieder zu richten ist. Dieses Wort lautete:

»Ein Zentraler Ausschuß für Jugendweihe in der Deutschen Demokratischen Republik hat die Eltern aufgefordert, ihre Kinder, die 1955 die Schule verlassen, zur Jugendweihe anzumelden. Soweit sich dieser Aufruf an Eltern und Kinder wendet, die keiner christlichen Kirche angehören, haben wir dazu nichts weiter zu sagen.

Evangelische Eltern und Kinder aber müssen wissen, daß sich das Bekenntnis zum evangelischen Glauben nicht mit der Teilnahme an einer Jugendweihe in Einklang bringen läßt. Deshalb bestimmt die Ordnung des kirchlichen Lebens, daß die Konfirmation nicht gewährt werden kann, wenn der Konfirmand sich einer Jugendweihe unterzieht.

Aus seelsorgerlicher Verantwortung für unsere Konfirmanden und ihre Eltern bringen wir diese Bestimmung rechtzeitig vor der Konfirmation in Erinnerung. Der Herr stärke uns alle, insbesondere unsere Konfirmanden, in einem fröhlichen und furchtlosen Bekenntnis zu Ihm, dem einzigen Herrn und Erlöser unseres Lebens.«[12]

Abb. 2 Konfirmandengruppe von Superintendent Ernst Seils vor der Grimmer Marienkirche 1954.

Es scheint so, dass dieses Wort der Kirchenleitung zu spät gekommen ist, denn die vorliegenden Zahlen belegen, dass im Kirchenkreis Grimmen 1955 im Frühjahr 50 Mädels und Jungen neben der Konfirmation auch an der Jugendweihe teilnahmen, wobei mit 32 Konfirmanden allein annähernd zwei Drittel aus der Kirchengemeinde Grimmen stammten.

Schreiben des Grimmer Superintendenten Priewe über staatliche Beeinflussungsversuche vom 5. Januar 1955

Am 5. Januar 1955 teilte der Grimmer Superintendent, Emil Priewe,[13] dem Evangelischen Konsistorium Greifswald mit, dass er am 4. Januar 1955 vom Vorsitzenden sowie dem Ersten Sekretär des Rates des Kreises Grimmen mit dem Anliegen aufgesucht worden ist, mit ihm über die Jugendweihe zu sprechen. Die beiden Herren machten, so Priewe, ihm gegenüber deutlich, dass es sich bei der Jugendweihe keinesfalls um eine gegen die Kirche gerichtete Aktion handeln würde und diese auch nicht mit den Jugendweihen vergangener Zeiten zu vergleichen seien. Die Kirche wurde gebeten, hier keine Schwierigkeiten zu bereiten, damit alle Kinder von den Jugendweiheausschüssen erfasst werden könnten. Priewe erklärte, dass er als Mann der Kirche sich an die geltenden Ordnungen kirchlichen Lebens zu richten habe und die Teilnahme von Jugendlichen an der Jugendweihe ernste Folgen für sie hätten. Die Haltung der Kirche dazu sei den beiden Herren ja bekannt, habe Priewe den SED-Funktionären verdeutlicht, und abschließend auch ihr Ersuchen abgelehnt, mit allen Pfarrern im Kirchenkreis in dieser Angelegenheit ein Gespräch führen zu dürfen.[14]

Interkonfessionelle Reaktion? Die Übersendung des Hirtenbriefes des katholischen Bischofs Weskamm zur Jugendweihe durch das Greifswalder Konsistorium

Am 17. Januar 1955 versandte das Konsistorium Greifswald eine Abschrift des Hirtenbriefes des katholischen Bischofs von Berlin, Wilhelm Weskamm,[15] bezüglich der Jugendweiheproblematik und bat darum, diesen in den Pfarrkonventen zu besprechen. Der Bischof warnt in einem offenen und ernsten Wort an die Eltern und deren Kinder, dass Jugendweihe immer eine Sache derer gewesen sei, die den Glauben und die Kirche abgelehnt haben und die Jugendweihe schon daher für einen katholischen Christen nicht infrage kommen könne. Entsprechend dieser Intention richtete Bischof Weskamm in dem Hirtenbrief drei konkrete Fragen an die Kinder:

»Kann man ein Bekenntnis zu Gott ablegen und zugleich auch ein Bekenntnis zur Gottlosigkeit?

Kann man sich auf die heilige Kommunion und auf die heilige Firmung vorbereiten und zugleich einen Kursus für den Unglauben beitreten?

Kann man zu den heiligen Sakramenten gehen – und zugleich den Herrn und Schöpfer leugnen?«[16]

Schließlich ergeht von Bischof Weskamm eine Mahnung an die Kinder, dass es in diesen Fragen keine Halbheiten gebe, da niemand zwei Herren dienen könne.[17] Superintendent Priewe schien dieser Hirtenbrief so angesprochen haben, dass er diesen nicht nur im Pfarrkonvent besprach, sondern eine Abschrift davon anfertigen und allen Pfarrämtern seines Kirchenkreises am 25. Januar 1955 zukommen ließ.[18]

Anweisung zum Umgang mit der Jugendweihe-Problematik an alle Pfarrämter des Kirchenkreises Grimmen

Bereits am 4. Februar 1955 sandte Priewe zur Frage der Jugendweihe einen weiteren Brief an alle Pfarrämter des Grimmer Kirchenkreises. Er wies in diesem auf die noch immer geltende Ordnung des kirchlichen Lebens vom 12. März 1930 hin, wo es im Artikel II, von der evangelischen Erziehung, heißt: »Die Konfirmation kann nicht gewährt werden, wenn der Konfirmand einer Veranstaltung, die im Gegensatz zur Konfirmation steht (Jugendweihe oder dergleichen), zugeführt wird oder sich ihr unterzieht.« Weiterhin wies Priewe in diesem Schreiben auf den Artikel X der Verordnung hin, der es dem Gemeindekirchenrat gestattet, beschlussfähig mögliche Pflichtverletzungen festzustellen. Dies träfe zu, wenn Getaufte und zur Evangelischen Kirche gehörende Kinder an Veranstaltungen teilnehmen, die im Gegensatz zur Konfirmation stünden.[19] Ob Gemeindekirchenräte im Kirchenkreis Grimmen davon Gebrauch gemacht haben, ist den Unterlagen nicht zu entnehmen.

Abb. 3 Konfirmandengruppe von Superintendent Friedrich Winter in der Grimmer Marienkirche 1964.

Rundverfügung des Greifswalder Konsistoriums zur Jugendweihe

Am 5. Februar 1955 versandte das Konsistorium der Greifswalder Kirche erneut eine Rundverfügung zur Jugendweihe-Problematik an alle Pfarrämter der Landeskirche und bezieht Stellung zum oben erwähnten Artikel in der Ostsee-Zeitung vom Januar 1955. Das Konsistorium stellte unmissverständlich fest, dass auch dieses offene Wort zur Jugendweihe und die darin zum Ausdruck gebrachte neue Art der Jugendweihe klar und eindeutig eine Handlung darstellt, die im Gegensatz zur Konfirmation steht, und Kinder, die sich dieser Jugendweihe unterziehen, nach den Bestimmungen der Ordnung des kirchlichen Lebens nicht konfirmiert werden können. Die Jugendweihe habe auch in der neuen Form letztendlich keinen anderen Inhalt, als die Jugend in klarem Gegensatz gegen das christliche Evangelium einer materialistischen Weltanschauung zu verpflichten. Fernerhin ist auf die Unterstellungen, Behauptungen und inhaltlichen Aussagen des »offenen Wortes« eingegangen worden, die anschließend in akribischen Darlegungen widerlegt worden sind. Im zweiten Abschnitt des Schreibens wurden schließlich Richtlinien erlassen, die in den Gemeinden zur Anwendung gebracht werden sollten:

1. Konfirmanden, welche an den Vorbereitungsstunden zur Jugendweihe teilnehmen, können nicht mehr den Konfirmandenunterricht besuchen, da Jugendweihe und Konfirmation unvereinbar miteinander sind.
2. Wenn bereits Konfirmierte an der Jugendweihe teilnehmen wollen, ist ihnen zu verdeutlichen, dass sie damit gegen das Konfirmationsgelübde verstoßen und ihnen die Kirche folgerichtig die mit der Konfirmation erlangten Rechte entziehen muss.
3. Wenn sich Kirchenälteste oder Mitglieder des Gemeindebeirates an den Ausschüssen zur Jugendweihe oder bei der Erteilung des Unterrichtes beteiligen, müssen sie darauf hingewiesen werden, dass das eine grobe Pflichtverletzung darstellt und sie bei Beharren dieses Vorhabens auf ihr kirchliches Amt verzichten müssen.
4. Bei anderen Gemeindegliedern, die sich für die Jugendweihe einsetzen, bittet das Konsistorium noch von Kirchenzuchtmaßnahmen abzusehen, da diese Frage einheitlich in der Landeskirche geklärt werden soll.
5. Die Konfirmationstermine sollen im Blick auf die Jugendweihe nicht verändert werden. Das Konsistorium ordnet darüber hinaus im Auftrag der Kirchenleitung an, dass jede Kirchengemeinde in der gegenwärtigen Situation an ihrem hergebrachten Konfirmationstermin festhalten soll.
6. Die Kirchenleitung erwartet von allen Pfarrern, dass im Sinne dieser Richtlinien verfahren wird, da es von entscheidender Bedeutung sei, dass einheitlich gehandelt werde.[20]

Implikationen aus der Stellungnahme der Landessynode zur Jugendweihe vom Februar 1955

Im Februar 1955 wurden die Fragen der Jugendweihe und Konfirmation auch auf der vierten Tagung der 21. Landessynode besprochen und ein entsprechender Beschluss dazu gefasst, welchen das Konsistorium am 26. Februar 1955 allen Pfarrämtern zur Kenntnis gab. Dieser lehnte sich an das vom Konsistorium versendete Schreiben von Anfang Februar 1955 an.

Am 3. März 1955 schrieb in dieser Angelegenheit der stellvertretende Vorsitzende der Kirchenleitung, Dr. Rautenberg, an die jeweiligen Vorsitzenden des Rates der Bezirke in Rostock, Neubrandenburg und Frankfurt an der Oder einen vierseitigen Brief, um die kirchliche Sichtweise in der Frage zur Jugendweihe zum Ausdruck zu bringen. Er teilt den drei Vorsitzenden mit, dass die zurzeit geführte ideologische Auseinandersetzung zwischen Christen und Marxisten in der Frage zur Jugendweihe von der Kirche nicht gewollt sei. Diese wäre auch nicht erfolgt, wenn nicht versucht worden wäre, auch die christlichen Kinder zur Jugendweihe heranzuziehen. Dass das offensiv in den staatlichen Schulen betrieben worden sei, habe die Grenze, welche durch die Grundsätze der religiösen Neutralität des Staates und der Toleranz gezogen ist, überschritten. Da die Jugendweihe und deren Vorbereitung auf dem Werk des Buches »Weltall, Erde, Mensch« beruhte, welches in eindeutiger Weise den atheistischen Materialismus lehrte, konnte eine Person, die an der Jugendweihe teilnimmt, nicht konfirmiert werden. Rautenberg warb um Verständnis füreinander und um den inneren Frieden in der Gesellschaft und forderte zugleich, dass die verfassungswidrigen Eingriffe in das Leben der Kirche beendet werden.[21]

Schreiben der evangelischen Bischöfe Krummacher (Greifswald) und Dibelius (Berlin) sowie des katholischen Bischofs Weskamm (Berlin) zur Jugendweihe aus dem Jahr 1955

Am 13. Mai 1955 stellte Bischof Krummacher in einem Schreiben fest, dass es trotz aller Belehrungen durch das Konsistorium und durch die Kirchenleitung eine Anzahl von Konfirmanden gebe, die an der Jugendweihe teilgenommen hätten, nachdem sie eingesegnet worden seien. Der Bischof gab den Pfarrämtern diesbezüglich einen Kirchenleitungsbeschluss zur Kenntnis, nach dem nun in den Kirchgemeinden verfahren werden sollte. Erstens sollte bei den Jugendlichen, die an der Jugendweihe teilnahmen, ein entsprechender Vermerk im Konfirmandenregister erfolgen. Zweitens sollte den betreffenden Personen in einem seelsorgerlichen Gespräch mitgeteilt werden, dass sie damit ihre bei der Konfirmation erlangten kirchlichen Rechte verloren hätten. Drittens sollte per Kanzelabkündigung der Gemeinde mitgeteilt werden, dass einige Kinder an der Jugendweihe teilgenommen und damit ihre kirchlichen Rechte verwirkt hätten, ohne aber ihre Namen zu nennen.[22]

Im Oktober 1955 wandte sich der Greifswalder Bischof FriedrichWilhelm Krummacher23 in einem Brief an die christlichen Lehrer, da die Befürchtung bestanden habe, dass auch diese nun genötigt werden sollten, eine Werbeaktion für die Jugendweihe durchzuführen. Der Bischof versuchte infolgedessen, den Druck von den Lehrern zu nehmen, und teilte ihnen mit, dass ihm von politischer Seite die Zusicherung gegeben worden sei, dass kein Lehrer benachteiligt werden dürfe, der sich aus christlichen Gewissensgründen nicht aktiv für die Jugendweihe einsetze.[24] Dieser Brief wurde vom Konsistorium zusammen mit einer Handreichung zur Konfirmation 1956 an alle Pfarrämter der Landeskirche verschickt. In dieser Handreichung klärt das Konsistorium die Pfarrer auf, dass ein in den Schulen kursierendes Propaganda-Heft etliche Falschaussagen enthalte. Eine davon lautete, dass vier Pfarrer (Romanus Mewers, Willi Triebel, Fritz Schulze und Johannes Mau)[25] den Nachweis zu erbringen versucht haben sollen, dass die Jugendweihe durchaus mit der Konfirmation zu vereinbaren wäre, was nicht den Tatsachen entsprochen habe, da diese Herren weder im Namen noch im Auftrag der Kirche gesprochen hätten.[26]

Am 19. November 1955 werden den Pfarrämtern weitere zwei Stellungnahmen zur Jugendweiheproblematik zur Kenntnis gegeben. Sowohl in dem Schreiben des evangelischen Berliner Bischofs Otto Dibelius[27] vom 17. Oktober 1955 als auch in dem Schreiben des katholischen Bischöflichen Ordinariats Berlin vom 12. Oktober 1955[28] werden die Vereinbarkeit der Jugendweihe mit der Konfirmation bzw. Kommunion deutlich abgelehnt.[29]

Herausforderungen bei der Umsetzung des kirchlichen Widerstandes gegenüber der Jugendweihe

Am 19. Mai 1956 erschien in der Grimmer Lokalausgabe der Ostsee-Zeitung ein Artikel mit der Überschrift »Drohungen werden zurückgewiesen«. Der Horster Pfarrer Braun hatte sich schriftlich an die Mutter einer einstigen Konfirmandin gewandt, die später an der Jugendweihe teilgenommen hatte. Dieser Brief von Pastor Braun wurde in der Ostsee-Zeitung abgedruckt:

»Frau Nehls in Segebadenhau lasse ich folgendes wissen: Es ist mir gemeldet worden, daß ihre Tochter Inge sich der Jugendweihe unterzogen hat. Wenn das stimmt, habe ich Ihnen zu melden, daß Inge nach den kirchlichen Bestimmungen fortan ausgeschlossen ist von den kirchlichen Rechten, des Abendmahlsbesuchs, des Patenamtes und der kirchlichen Trauung. Braun, Pfarrer«

Dieses Schreiben, das als Drohbrief dargestellt wurde, führte dazu, dass über die Presse die Feststellung erfolgte, dass jedem Schulabgänger die Teilnahme an der Jugendweihe gestattet sei und keinerlei Einschränkungen unterliege. Pfarrer Braun wurde diskreditiert, indem ihm unterstellt wurde, dass er sich über Recht und Gesetz stelle. Weiter wurde darauf hingewiesen, dass Frau Erna Nehls weder den Inhalt noch die Form des Briefes anzuerkennen bereit gewesen sei und Pfarrer Braun wie folgt erwidert habe:

»Unverständlich sind mir ihre Drohungen gegen meine Tochter Inge, denn sie verstoßen gegen die Verfassung der Deutschen Demokratischen Republik, deren Bürger Sie und ich bin. Darum lehne ich diese Androhungen ab! Beim Lesen Ihres Schreibens erinnerte ich mich an eine Zeit, die über ein Jahrzehnt zurückliegt. Damals verkehrten Gutsbesitzer mit ihren Landarbeitern in ähnlichem Briefstil. Allerdings sind diese Zeiten ein für allemal vorbei.«

Abschließend forderte der Artikel in der Grimmer Ostsee-Zeitung dazu auf, »Drohungen« des Pastors Braun energisch zurückzuweisen, da private und staatsbürgerliche Rechte laut Artikel 42 der DDR-Verfassung durch die Religionsausübung nicht beschränkt werden dürften.[30]

Dieser der Öffentlichkeit zugänglich gemachte Brief des Horster Pastors brachte eine weitere Dynamik in die Auseinandersetzungen zwischen den Befürwortern und Gegnern der Jugendweihe und erschwerte die sachliche Auseinandersetzung mit ihr. Aufgrund des Artikels in der Ostsee-Zeitung erhielt Superintendent Priewe nun eine Reihe von Beschwerdebriefen von Personen, die sich auf die Seite von Frau Nehls stellten. Einige berichteten, dass sie das Vorgehen von Pfarrer Braun nicht verstehen könnten, da doch auch ihre Kinder nach der Konfirmation an der Jugendweihe teilgenommen hätten und sich niemand daran gestört habe. Diese Aussagen brachten zutage, dass die von der Greifswalder Kirchenleitung vorgegebenen Handlungsweisungen im Grimmer Kirchenkreis – und vor allem in Grimmen – unterschiedlich umgesetzt worden sind. Der in Grimmen tätige Pfarrer Fischer teilte dem Superintendenten daraufhin seine

Sicht zu den Beschwerden mit, und machte unmissverständlich deutlich, dass er die betreffenden Personen über den Verlust der kirchlichen Rechte infolge der Teilnahme an der Jugendweihe aufgeklärt habe. Ob diesen Jugendweiheteilnehmern ebenso Briefe über den Verlust ihrer kirchlichen Rechte zugingen, geht aus der Aktenüberlieferung nicht hervor.

Die staatlichen Maßnahmen auf das abwehrende Verhalten der Kirchen gegenüber der Jugendweihe darf jedoch keinesfalls unterschätzt werden. Ein Beispiel dafür ist die Stellungnahme des Pädagogischen Rates der Robert-Koch-Schule Grimmen zu dem Brief des Horster Pfarrers Braun. Hier bringen Lehrer in einem Faltblatt »Haltet ein mit dem Feldzug gegen die Jugendweihe« ihre Empörung gegenüber der Evangelischen Kirche zum Ausdruck. Pfarrer Braun wird sowohl für den Stil seines Briefes als auch für den Verweis auf seit dem Jahr 1930 bestehende kirchliche Rechte kritisiert. Ihm wurde unterstellt, weltliche Rechte der DDR-Bürger zu schmälern und überdies »Drohungen« auszusprechen, was die Lehrerschaft nicht hinzunehmen bereit sei. Sie forderten Braun, aber auch die Evangelische Kirche insgesamt, auf, den »Feldzug« gegen die Jugendweihe und gegen den MarxismusLeninismus einzustellen.[31]

Im Herbst 1956 stellt Superintendent Priewe eine namentliche Liste aller 79 Mädels und Jungens im Grimmer Kirchenkreis zusammen, die im Jahr 1956 nach der Feier ihrer Konfirmation an der Jugendweihe teilgenommen haben.[32]

Inwieweit hier die von der Greifswalder Landeskirche vorgegebenen Gespräche der Grimmer Geistlichen mit den Eltern der Konfirmanden stattgefunden haben und denen der Verlust der kirchlichen Rechte mitgeteilt worden ist, entzieht sich der Kenntnis, da hierzu keine Aktenvermerke angefertigt wurden. Erschwerend in dieser um Klarheit ringenden Problematik kommt nun hinzu, dass Eltern den Verlust kirchlicher Rechte ihrer Kinder aufgrund der Teilnahme an der Jugendweihe nicht einfach hinzunehmen bereit waren.

Der Grimmer Kreistagsabgeordnete Walter Piehl wandte sich am 20. Oktober 1956 mit einem Schreiben an den Superintendenten, dem er unmissverständlich zum Ausdruck brachte, dass er und seine Frau aus der Evangelischen Kirche austreten würden, wenn ihrer Tochter Barbara, die an der Jugendweihe teilnahm, tatsächlich die kirchlichen Rechte entzogen werden sollten.[33] Diese wurde im Jahr 1957 konfirmiert und nahm Ostern 1958 an der Jugendweihe teil.[34] Superintendent Priewe trat daraufhin mit Herrn Priehl in Kontakt, und bat ihn um ein Gespräch in der Superintendantur nach vorheriger Terminabstimmung, um in dieser Angelegenheit Rücksprache nehmen zu können.[35] Ob es jemals zu diesem Gespräch gekommen ist und zu welchem Ergebnis es geführt hat, findet keine Erwähnung in der Akte. Trotz der Jugendweiheteilnahme ihrer Tochter ist es jedenfalls laut dem Taufregister zu keinem Kirchenaustritt der Eheleute Priehl gekommen.

Im Jahr 1957 nahm der Grimmer Superintendent erneut eine Liste von 74 Personen auf, die nach ihrer Konfirmation im Kirchenkreis Grimmen an der Jugendweihe teilgenommen haben, wovon 33 aus Grimmen stammten.[36]

Verschärfung der Jugendweihe-Auseinandersetzung mit den Kirchen durch die SED-Machthaber

Die Sonneberger Rede Walter Ulbrichts zur Eröffnung des Jugendweihejahres 1957

Am 2. Oktober 1957 beschloss die Konferenz der Evangelischen Kirchenleitungen, einen Brief an Ministerpräsident Grotewohl[37] zu senden. Dieser Brief nahm Bezug auf die Rede Walther Ulbrichts[38] vom 1. Oktober 1957 anlässlich der Eröffnung des Jugendweihejahres in Sonneberg. Ulbricht hatte dort gefordert, dass alle Kinder in der DDR an der Jugendweihe

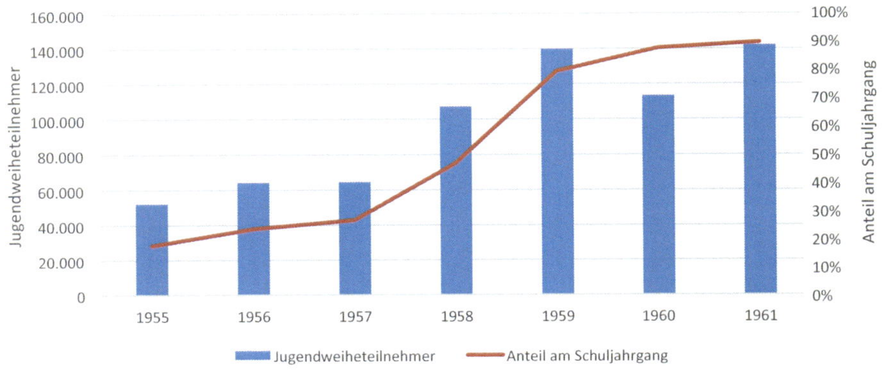

Abb. 4 Entwicklung der Teilnahme an der Jugendweihe in der DDR (1955–1961)[43]

teilnehmen sollten, und die Arbeiterschaft in den Betrieben, die Gewerkschaftsleitungen, die Parteiorganisationen und vor allem die Volksbildungsabteilungen bei den Räten dazu aufgefordert, ihren Einfluss dahingehend geltend zu machen.[39] Die evangelischen Bischöfe in der DDR sahen darin einen Widerspruch zu der ihnen von Grotewohl gegebenen Zusage, dass die Jugendweihe keine staatlich geförderte Angelegenheit sei, und kündigten nun ihrerseits eine Stellungnahme dazu an.[40]

Am 14. Oktober 1957 versandte Bischof Krummacher einen Hirtenbrief an die Pfarrämter der Landeskirche und bat darum, diesen am darauffolgenden Sonntag, den 20. Oktober 1957, in den Gottesdiensten zu verlesen. Zugleich bat er die Pfarrer der Landeskirche, es nicht beim Verlesen des Hirtenbriefes im Gottesdienst zu belassen, sondern diesen allen Kreisen in den Kirchengemeinden – besonders den Eltern der Konfirmanden – bekannt zu machen. Dieser Brief wurde von allen Bischöfen der evangelischen Gliedkirchen in der DDR unterzeichnet und galt als ein Zeichen der gemeinsamen Verantwortung als Botschafter Christi in der DDR. In diesem Brief widerlegten sie die Aussagen Walter Ulbrichts und riefen zur Entscheidung und zum Bekenntnis des Glaubens an Jesus Christus auf, welcher eine Teilnahme an der Jugendweihe ausschließe. Nach Auffassung der Bischöfe gebe es nur ein »entweder – oder«. Entweder nimmt ein Kind an der Jugendweihe oder an der Konfirmation teil, beides miteinander zu verbinden sei eine Unmöglichkeit. Am Schluss des bischöflichen Hirtenbriefes war eine Mahnung an die Eltern der Konfirmanden formuliert. Diese verdeutlichte, dass es bei der Entscheidung zwischen Konfirmation und Jugendweihe auch um die Seele ihrer Kinder und um ihrer eigenen Seelen Seligkeit gehe. Drohungen des Staates sollten ihren Schrecken verlieren, da Gott selbst durch alle Anfechtungen hindurchhelfe (Abb. 4).[41]

Am 19. Oktober 1957 versandte das Konsistorium der Greifswalder Kirche an die Superintendenten der Landeskirche einen Brief von Bischof Krummacher, welchem als Anlage das Antwortschreiben des DDR-Innenministers, Maron,[43] beigefügt wurde. Der Innenminister beantwortete den gemeinsamen Brief aller Bischöfe an Ministerpräsident Grotewohl und wies diesen in aller Schärfe zurück. Zunächst teilte er sein Befremden darüber mit, dass der Brief an den Ministerpräsidenten im Rundfunk und Presse Westdeutschlands bekanntgemacht worden sei, noch bevor der Ministerpräsident die Möglichkeit einer Antwort darauf gehabt habe. Weiterhin verdeutlichte der Innenminister seine Auffassung, dass dieser Brief absichtlich in Westdeutschland publiziert worden sei, um die DDR zu verleumden und die Verantwortlichen des Staates zu provozieren. Grundsätzlich sah er keinen Widerspruch zwischen der Rede Ulbrichts in Sonneberg und der Erklärung Grotewohls beim Treffen der Bischöfe am 3. Dezember 1956, da der Staat die Pflicht habe, Bestrebungen zu unterstützen, welche junge Menschen im Sinne der Politik der DDR erziehen. Und da nach Auffassung Marons die Jugendweihe ein Beitrag zur allseitigen Bildung und Entwicklung der Heranwachsenden in der DDR sei, würden diese durch ihre Teilnahme an der Jugendweihe zu lebenstüchtigen Menschen und aktiven Erbauern des Sozialismus erzogen. Ausschließlich deshalb finde die Jugendweihe die Unterstützung aller staatlichen Organe und Einrichtungen und insbesondere die der Volksbildung, gab der DDR-Innenminister den evangelischen Bischöfen zur Kenntnis. Die Kirchenleitungen in der DDR wurden aufgefordert, zu akzeptieren und zur Kenntnis zu nehmen, dass der Staat die Gewissensfreiheit aller Bürger der Republik unter ihren Schutz stelle. Dies sah Maron überdies im Gegensatz zu den Kirchenleitungen, die mit der Aufforderung der Verlesung des gemeinsamen Hirtenbriefes nicht nur gegenüber vielen Geistlichen einen Gewissenszwang ausüben würden.[44] Bischof Krummacher stellte hierzu in seinem über das Konsistorium versendeten Brief fest, dass der Innenminister weder auf die Glaubens- und Weltanschauungsfragen noch auf das Problem der Gewissensbeschwernisse eingegangen sei, welche allein Anlass des Schreibens an den Ministerpräsidenten gewesen sei.[45]

Anfang des Jahres 1958 erhielt Superintendent Priewe zwei anonyme Briefe. Der eine ist eine vertrauliche Information, dass in einer in Grimmen stattgefundenen Kreislehrerkonferenz eine Verständigung darüber erfolgt sei, dass die Jugendweihe offensiv propagiert werden solle. Rudi Gaede, Mitarbeiter vom Amt für Volksbildung soll sich dabei öffentlich verpflichtet haben, im Folgejahr 1959 mindestens 50 Prozent aller Schulabgänger im Kreis Grimmen für die Jugendweihe zu gewinnen, was ihm später auch gelungen ist.

Ein Lehrer aus dem Kollegium wurde an vier Tagen der Woche vom Schuldienst freigestellt, um in seinem Wohn- und Lebensbereich besonders für die Jugendweihe zu werben. Seine Aufgabe bestand darin, die einzelnen Schulen aufzusuchen, dort für die Jugendweihe einzutreten, aber auch, um Besuche bei Eltern vornehmen zu können. Diese sollten beeinflusst werden, ihre Kinder für die Jugendweihe anzumelden. Dass der hierfür ausgewählte Lehrer seine kirchenfeindliche Gesinnung nicht verbarg, zeigt sich insbesondere daran, dass er sich selbst auf dieser Konferenz damit brüstete, aus der Kirche ausgetreten zu sein, und dazu aufforderte, genauso zu verfahren. Der andere anonyme Brief enthält Namen von Jugendlichen, die sich für die Teilnahme an der Jugendweihe anmeldeten, obwohl diese den Konfirmandenunterricht besuchen. Die Person fordert den Superintendenten auf, hier hart durchzugreifen, und berichtet, ebenso einst mit der Teilnahme an der Jugendweihe geliebäugelt zu haben, an dieser aber schließlich nicht teilgenommen habe.[46]

Ohne einen Nachweis dafür zu haben, dass die Aktivitäten des eigens für die Jugendweihe Propaganda freigestellten Lehrers auch zur verstärkten Teilnahme an der Jugendweihe führte, muss zumindest für den Bereich der evangelischen Kirche in Grimmen festgestellt werden, dass im Jahr 1959 die Konfirmandenzahlen massiv einbrachen. Ließen sich in den Jahren 1957 und 1958 noch 114 bzw. 97 Mädels und Jungen einsegnen, waren es 1959 lediglich 30.[47] Das stellt einen unverhältnismäßigen Schwund innerhalb von nur zwei Jahren dar, welcher vor allem mit der im Jahr 1959 einsetzenden systematischen Beeinflussung der christlichen Kinder und deren Eltern in Grimmen zusammenzuhängen scheint.

In der graphischen Darstellung über die Konfirmationen in Grimmen während der DDR-Zeit wird ein klar rückläufiger Trend bei den Einsegnungen sichtbar,[48] der von einer hohen Anzahl an Kirchenaustritten begleitet wurde. Die antikirchliche Agitation der SED-Machthaber, die mit spürbaren Benachteiligungen für bekennende Christen einherging, schien relativ rasch Früchte getragen zu haben, infolgedessen eine begünstigte Situation zur Etablierung der Jugendweihe in breiten Bevölkerungsschichten und die gleichzeitige Verdrängung der Konfirmation entstand.

Spätestens seit 1959 konnten die Geistlichen der Kirchengemeinde Grimmen nur noch einen Teil der in Grimmen lebenden Jugendlichen mit der befreienden Botschaft des Evangeliums erreichen, da der prozentual größere Teil nicht mehr am Konfirmandenunterricht teilnahm.[49] Fortan brach ein Kernbereich evangelischer Arbeit stetig immer weiter zusammen. In den 1980er Jahren war die Zahl der Konfirmanden schließlich soweit gesunken, dass sich sogar jährlich weniger als zehn Personen in Grimmen konfirmieren ließen. Fortan setzte der SED-Staat mit seiner atheistischen Weltanschauung die Schwerpunkte in der Jugendarbeit, dem es schließlich auch gelang, seinen Einfluss auf die Jugendlichen sukzessive auszubauen.[50] Den Grimmer Geistlichen dagegen ging die Möglichkeit zur Kontakt- und Beziehungsaufnahme zu den Jugendlichen immer mehr auch dadurch verloren, weil die Eltern der Jugendlichen, die an der Jugendweihe teilnahmen, die Bindung zu ihrer Kirchengemeinde aufgaben.[51]

Zeitgleich zu dieser Entwicklung traten immer mehr Menschen – nicht nur in Grimmen – aus den beiden großen Kirchen aus. Der Rat des Kreises Grimmen hat diese Entwicklung genauestens verfolgt und Protokolle über die Kirchenaustritte angefertigt. Diese wurden in den 1950er und 1960er Jahren monatsweise zusammengestellt und von der SED-Kreisleitung bewertet. Später wurden diese nur noch jahresweise festgehalten.[52]

Dennoch vermittelt diese Graphik einen Eindruck sowohl von der dramatischen volkskirchlichen Entwurzelung, als auch im Hinblick auf den immer größer werdenden Verlust der einst in der Evangelischen Kirche getauften Menschen. Diese verließen Ende der 1950er Jahre die Kirche in großen Scharen, womit eine Entfremdung zur Institution Kirche und vor allem zu ihrer einstigen Kirchengemeinde vor Ort eintrat. Erstaunlicherweise verließen im Kreis Grimmen überdurchschnittlich viele Menschen die Evangelische Kirche. Das galt jedoch keineswegs nur gegenüber den Landkreisen, sondern sogar gegenüber den Stadtkreisen des Bezirkes Rostock, in denen prinzipiell eine größere Gefahr hinsichtlich eines Bindungsverlustes zur Kirche unterstellt werden kann. Selbst in den 1970er Jahren, als das Austrittsverhalten sich in den Land- und Stadtkreisen anzugleichen schien, erklärten im Kreis Grimmen noch immer deutlich mehr Menschen den Austritt aus der Kirche. Erst zum Ende der 1970er Jahre scheint eine

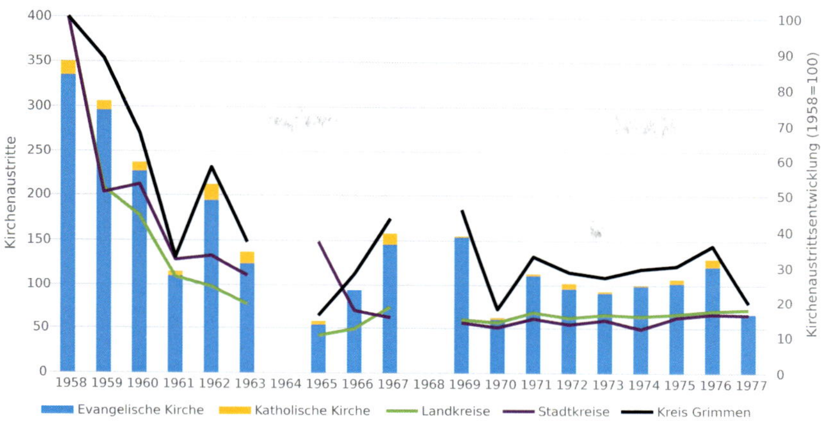

Abb. 5 Austritte aus der Evangelischen Kirche und aus der Katholischen Kirche im Kreis Grimmen sowie der Vergleich der Kirchenaustrittsentwicklung (Evangelische Kirche; 1958 = 100) im Kreis Grimmen gegenüber den Land- und Stadtkreisen des Bezirkes Rostock (1958–1977)[53]

Angleichung an die übrigen Kreise des Bezirks Rostock stattgefunden zu haben (Abb. 5).

(Pastorale) Reaktionen der Evangelischen Kirche auf die verschärfte Jugendweihe-Auseinandersetzung

Kurz vor Weihnachten, am 21. Dezember 1957 wandte sich das Konsistorium noch einmal an alle Superintendenten und erinnerte an die auf dem Superintendentenkonvent getroffene Festlegung, dass alle Jugendlichen, die aufgrund ihrer Teilnahme an der Jugendweihe vom Konfirmandenunterricht ausgeschlossenen worden sind, die Gelegenheit erhalten sollen, in einer für die siebente und achte Klasse gesondert eingerichteten Christenlehre im Glauben weiter unterwiesen zu werden. Sollte diese nicht durchgeführt werden, ist ein gesonderter Kreis für diese Jugendlichen in den Gemeinden zu bilden.[54]

Jahr	Konfirmationen		Spätere Teilnahme an der Jugendweihe
	(reguläre) Konfirmationen	Nachkonfirmationen	
1950	255	0	0
1951	193	0	0
1952	162	0	0
1953	171	0	0
1954	196	0	0
1955	159	0	0
1956	127	0	0
1957	114	0	8
1958	97	0	10
1959	30	0	5
1960	33	0	3
1961	22	14	0
1962	24	11	0
1963	21	11	0
1964	72	58	0
1965	37	24	0
1966	49	41	0
1967	35	29	0
1968	43	37	0
1969	20	1	0
1970	42	42	0
1971	43	5	0
1972	20	1	0
1973	36	0	0
1974	27	0	0

Tabelle 2 Teilnahme an der Konfirmation sowie spätere Teilnahme an der Jugendweihe von Konfirmierten in der evangelischen Kirchengemeinde Grimmen[55]

Am 18. Januar 1958 sandte Bischof Krummacher den Geistlichen der Landeskirche eine zehnseitige Handreichung zu aktuellen Fragen der Konfirmation, welche von der Kirchenkanzlei der Evangelischen Kirche in Deutschland erarbeitet wurde. Dieser Handreichung erteilten alle Bischöfe der evangelischen Gliedkirchen in der DDR ihre Zustimmung. Bischof Krummacher bat die Geistlichen der Greifswalder Kirche, diese als Hilfe anzusehen und in der Gemeinschaft mit den Amtsbrüdern der anderen Kirchen der DDR zu nutzen. Der Bischof erinnerte daran, dass in den Bedrängnissen dieser Zeit Gottes Gericht zugleich uns alle frage, was am Konfirmandenunterricht und an der Konfirmandenpraxis echt sei oder was als leere volkskirchliche Zeremonie zerbreche. Er forderte die Geistlichen auf, es mit der persönlichen Verantwortung für die Konfirmandenkinder und ihre Elternhäuser besonders ernst zu nehmen.[56] In der Handreichung zu Fragen der Konfirmation wurde eingangs noch einmal festgestellt, dass es für die Evangelische Kirche nur ein »entweder – oder« gibt, Konfirmation oder Jugendweihe. Hinsichtlich der sich stellenden Fragen einer möglichen zeitlichen Verschiebung der Konfirmation werden den Gemeinden zwei Lösungsvorschläge mitgeteilt, welche zu dieser Zeit innerkirchlich diskutiert wurden, um in einen zeitlichen Abstand zur Feier der Jugendweihe zu gelangen. Zum einen die Idee, das Konfirmationsalter herauf- oder herabzusetzen und zum anderen anstelle der Konfirmation eine am Ende der Grundschulzeit zu schaffende Abschlussfeier der Katechetischen Unterweisung einzuführen. Die Konfirmation könnte dann zu einer späteren Zeit nachgeholt werden, um die Abendmahlszulassung und die Rechte der Kirche zu erhalten. Am Ende der Handreichung steht die Aufforderung einer besonderen seelsorgerlichen Verantwortung gegenüber allen, die schwach zu werden drohen, aber auch die Verpflichtung zur Warnung, dass die Entscheidung für die Jugendweihe ernste Folgen für sie nach sich zögen.[57]

Die Greifswalder Landeskirche musste genau wie alle anderen Landeskirchen in der DDR auf diese rasante Entwicklung der Kirchenaustritte, der Rückgang bei den Konfirmationen sowie

Abb. 6 Else und Jürgen Schmidt 1973.

dem Umgang mit der ihr antagonistisch gegenüberstehenden Jugendweihe eine Antwort zu geben versuchen. Dabei durfte auch die Frage nicht ausgespart werden, ob wirklich künftig allen Jugendlichen die kirchlichen Rechte entzogen werden sollten, wenn diese neben der Konfirmation auch an der Jugendweihe teilnahmen, oder ob es nicht auch Aufgabe der Kirche sein müsse, die immer weniger werdenden Jugendlichen, welche sich überhaupt noch konfirmieren ließen, mit Freude und in Beibehalt der damit verbundenen kirchlichen Rechte in ihren Reihen aufzunehmen und in die Gemeinschaft der Glaubenden der Kirchengemeinde zu integrieren, auch dann, wenn sie an der Jugendweihe teilnahmen. Erschwerend zu dieser Fragestellung kam hinzu, dass ab dem Jahr 1961 die Jugendweihe für die Jugendlichen bereits in der achten Klasse vorgesehen war, so dass dieses »Ereignis« mit dem gleichen Lebensjahr zusammenfiel, wo diese auch – insofern sie noch getauft waren – hätten konfirmiert werden sollen.

Diese veränderte Praxis führte dazu, dass die Greifswalder Kirche und alle zu ihr gehörenden Kirchengemeinden nun ihrerseits den Zeitpunkt der Feier der Konfirmation neu überdenken mussten. Es schien ausgeschlossen zu sein, dass Jugendliche, welche an der Jugendweihe teilnahmen, wenige Tage oder Wochen später konfirmiert werden sollten. Hier musste zumindest ein zeitlicher Abstand zwischen diesen beiden so gegensätzlichen Feiern geschaffen werden. Das war nun die Herausforderung, welcher sich die Greifswalder Kirche, der Kirchenkreis Grimmen und die Kirchengemeinde Grimmen zu stellen hatte. Damit trat die Frage der Vereinbarkeit beider Feiern und den damit zusammenhängenden Verlust kirchlicher Rechte immer stärker in den Hintergrund.

Diskussion um die Neuordnung der Konfirmation sowie deren Umsetzung in der Kirchengemeinde Grimmen

Am 27. November 1959 versandte Bischof Krummacher an alle Pfarrämter ein von der Greifswalder Kirchenleitung beschlossenes achtseitiges Papier für den Konfirmandenunterricht und für die Konfirmation. Diese darin enthaltenen Richtlinien sollten die Gemeinden auf eine Neuordnung der Konfirmation vorbereiten. Ein von der Landessynode eingesetzter Konfirmationsausschuss war für die Erarbeitung von Grundlinien zur Neuordnung der Konfirmation verantwortlich. Vorrangiges Ziel war es, dass eine zwischen den evangelischen Gliedkirchen in der DDR abgestimmte Neuregelung erfolgt, die allerdings erst für das Jahr 1961 in Aussicht genommen werden konnte. Für die im Jahr 1960 stattfindende Konfirmation sollte es beim bisherigen Vorgehen bleiben, dass ein zweijähriger Konfirmandenunterricht stattfindet, der seinen Abschluss in einer schlichten katechetischen Feier oder einem katechetischen Gottesdienst finden sollte. Die Feier der Konfirmation dagegen soll für die Jugendlichen, welche an der Jugendweihe teilnahmen, erst nach einem zeitlichen Abstand erfolgen. Dieser Abstand sollte für die Jugendlichen, die an der Jugendweihe teilnahmen, sowie deren Eltern als eine seelsorgerliche Möglichkeit angesehen werden, um in dieser Zeit die begangene schwere Schuld zu erkennen und vor Gott zu bekennen, um Vergebung zu erfahren. Erst nach diesem inneren Klärungsprozess sollten schließlich die Konfirmation und die damit verbundene Zulassung zum Abendmahl erfolgen. Bischof Krummacher wirbt in diesem Schreiben darum, die Zeit des Abstandes zwischen Jugendweihe und Konfirmation nicht zu kurz zu bemessen und empfiehlt den Gemeinden hier ein Jahr. Insgesamt sollte aber bei dieser Entscheidung über den zeitlichen Abstand unbedingt im Blick behalten werden, dass dieser so groß sein musste, dass die Kinder, welche sich ausschließlich konfirmieren ließen, daran merken, dass die Kirche wahrnehme, dass sie es sich mit ihrer Treue zur Kirche etwas haben kosten lassen. Darüber hinaus empfahl der Bischof auf die Bezeichnung »Nachkonfirmation« zu verzichten.[58]

Im Herbst 1960 konnte noch immer keine einheitlich abgestimmte Regelung innerhalb der evangelischen Gliedkirchen in der DDR bezüglich der Neuordnung der Konfirmation erreicht werden. Bischof Krummacher wandte sich deshalb am 4. November 1960 erneut an die Gemeinden und teilte ihnen einen diesbzüglichen Beschluss der Greifswalder Landessynode mit:

»Die Landessynode der Greifswalder Kirche nimmt aus dem Bericht des Synodalen, Prof. Dr. Nagel[59] *dankbar zur Kenntnis, daß innerhalb der Evangelischen Kirche in Deutschland intensive Bemühungen um eine Neuordnung der Konfirmation stattgefunden haben, an denen sich auch der Konfirmationsausschuß unserer Landeskirche beteiligt hat. Wir bedauern, daß diese Bemühungen noch nicht zum Ziel gekommen sind und bitten die Kirchenleitung daher, mit allem Nachdruck auf eine gesamtkirchliche Regelung dieser so wichtigen Frage zu dringen, vor allem auf der Ebene der Evangelischen Kirche der Union.*

In der gegenwärtigen Übergangszeit bittet die Synode die Gemeinden und Pfarrer, sich an die Richtlinien der Kirchenleitung vom 27. November 1959 zu halten und die darin ausgesprochene Regelung für die Konfirmation im Jahre 1960 auch im Jahr 1961 anzuwenden. Diese Regelung nimmt Rücksicht auf die sehr ver-

schiedenartige Lage in den einzelnen Gemeinden und sorgt zugleich dafür, daß die Einheitlichkeit im Grundsätzlichen gewahrt bleibt.

Es ist der Synode deutlich geworden, daß die Nöte um die kirchliche Unterweisung bis hin zur Konfirmation von 2 Tatsachen bestimmt sind, die allein durch eine Neuordnung der Konfirmation nicht bewältigt werden können. Im Vordergrund steht die Tatsache, daß die Mehrzahl aller christlichen Eltern in zunehmendem Maße das Vertrauen darauf verloren hat, daß die Verfassung mit ihrer Gewährleistung von freier Religionsausübung und Gewissensentscheidung noch den notwendigen Rechtsschutz bietet für das eigene Berufsleben und die Zukunft ihrer Kinder. Dies muß festgestellt werden trotz der wiederholten Zusicherungen der Vertreter des Staates, daß die verfassungsrechtlichen Bestimmungen nach wie vor in Geltung sind. Die daraus erwachsende Gewissensnot, aber auch Gewissensabstumpfung erfüllt die Synode mit brennender Sorge.

Im Hintergrund aber steht die noch viel ernstere Tatsache. Daß die geistlichen Kräfte unserer Gemeindeglieder der umfassenden Herausforderung durch den kämpferischen Atheismus weithin nicht gewachsen sind. Klare Glaubensentscheidungen können nur kommen aus dem beständigen gemeinsamen Hören auf Gottes Wort, aus dem Gebet und aus den seelsorgerlichen und brüderlichen Zuspruch. Aber eben daran mangelt es. Darum bittet die Synode alle Pfarrer, Katecheten und Kirchenältesten dringend, die angefochtenen Gemeindeglieder unermüdlich zu besuchen, mit ihnen zu sprechen und sie zu den Versammlungen der Gemeinde einzuladen. Weitere Mitarbeiter für solchen Besuchsdienst müssen gewonnen werden.

Die Gemeinden aber rufen wir dazu auf, nach den Kräften zu greifen, die Gott uns anbietet in seinem Wort und Sakrament, in der Gemeinschaft der Brüder und im Gebet. Die Not über die wir seufzen, wäre nicht so groß, wenn wir sie nicht weithin selbst verschuldet hätten durch unsere Verachtung des Wortes Gottes, durch unsere Verachtung der Gottesdienste und durch unsere Trägheit im Gebet. Darum kann der Weg aus der Not für die Gemeinde Jesu Christi nur ein Weg der Buße sein, ein Weg der entschlossenen Umkehr zu dem Vater, der in seiner großen Geduld und Barmherzigkeit seine Gaben für uns noch reichlich bereit hält.«[60]

In Grimmen hat die politische Beeinflussung der Jugendlichen durch den Staat, vor allem aber durch die Lehrer an den Schulen, ebenso nicht haltgemacht. Laut den Protokollen der Abteilung Volksbildung des Rates des Kreises Grimmen wurden die Schulleiter der Grimmer Schulen sogar besonders lobend erwähnt für ihren Einsatz zur Gewinnung von Jugendlichen für die Jugendweihe. Grimmer Jugendliche, welche sich in den 1950er Jahren konfirmieren ließen, nahmen teilweise später noch an der Jugendweihe teil, was als ein deutliches Zeichen ihres Bekenntnisses zum sozialistischen Staat verstanden wurde. In den Jahren zwischen 1957 bis 1960 betraf dies 26 Personen.

Pastor Jürgen Schmidt,[61] der in der Zeit von 1957 bis 1972 in Grimmen tätig war, schrieb im Jahr 1973, als er sich bereits im Ruhestand befand, in die Kirchgemeindechronik seine Erlebnisse im Umgang mit der Neuordnung der Konfirmation im Zuge des Aufkommens der Jugendweihe nieder:

»Im Herbst 1958, als die Konfirmanden u. ihre Eltern von verschiedenen Seiten unter harten Druck gesetzt wurden, damit die Kinder alle an der Jugendweihe teilnähmen. Wie viele Eltern haben damals ratlos bei mir gesessen: »Was sollen wir machen? Unsere Kinder müssen an der Jugendweihe teilnehmen, sonst haben sie unter Umständen Nachteile in ihrem Fortkommen.«[62] *Wir aber konnten die Eltern nur auf die Verfassung der DDR verweisen, nach welcher den Kindern daraus keine Nachteile erwachsen dürfen, daß sie nicht zur Jugendweihe gehen. Wir konnten die Eltern nur ermuntern, ihre Kinder Gott anzuvertrauen, der den rechten Weg für sie wissen würde. Die meisten Eltern aber hielten den Druck nicht stand, meldeten ihre Kinder vielmehr zur*

Ich trage meine Seele immer in meinen Händen und vergesse Deines Gesetzes nicht. Deine Zeugnisse sind mein ewiges Erbe; denn sie sind meines Herzens Wonne.
Ps. 119, 109 u. 111

Zur Erinnerung an den Tag der Konfirmation
10. April 1949

Abb. 7 Konfirmationsurkunde 1948.

Jugendweihe an, so daß ich im Frühjahr 1959 m. W. nur sieben Kinder[63] zu konfirmieren hatte, Superintendent Dr. Priewe ebenfalls nicht mehr. Die Kinder wurden in der Folgezeit auch nicht mehr zum Vorkonfirmandenunterricht von den Eltern angemeldet. Wir übernahmen sie vielmehr aus der Christenlehre u. suchten uns welche Kinder durch Befragen der Christenlehrekinder noch für den Unterricht in Frage kommenden Kinder mühsam zusammen. Seit 1960 besuchte ich dann überhaupt vor Beginn des neuen Lehrgangs die Eltern aller neuer Vorkonfirmanden, um mit ihnen Fühlung zu bekommen u. notwendige Dinge zu besprechen.

Die Kirchenleitungen blieben bei ihrem harten Nein zur Jugendweihe. Die Konfirmanden, die an der Jugendweihe teilnähmen, sollten frühestens ein Jahr später konfirmiert werden, so lauteten die Richtlinien. Die Pfarrerschaft unseres Kirchengebietes nahm eine sehr unterschiedliche Haltung diesen Richtlinien

Abb. 8 Blick aus der Stralsunder Straße auf das Stralsunder Tor und die Nordseite der Marienkirche in Grimmen 1962.

gegenüber ein. Viele Pfarrkonvente ignorierten sie überhaupt, machten keinen Unterschied zwischen den Kindern, die nur zur Jugendweihe gingen, u. solchen die sich nur konfirmieren ließen, Konfirmierten vielmehr auch die Jugendgeweihten meist bereits Pfingsten nach der Jugendweihe, d. h. also ein viertel Jahr nach dieser.

Der Pfarrkonvent des Kirchenkreises Grimmen entschied sich für das eine Jahr Zwischenraum zwischen Jugendweihe u. Konfirmation, nur hielten sich nachher leider nicht alle Pfarrer des Konventes an diese Entscheidung, wodurch den Pfarrern, die das Jahr einhielten, manche Schwierigkeiten in ihren Gemeinden entstanden.

Der Gemeindekirchenrat Grimmen aber hielt an dem einem Jahr Zwischenraum zwischen Jugendweihe und Konfirmation fest, eine Entscheidung, die ich allein mit dem Gemeindekirchenrat zu erarbeiten und auch zu verantworten hatte, weil Super-

intendent Dr. Priewe im Jahre 1959 in den Ruhestand ging und an diesen Entscheidungen nicht mehr mitarbeitete. Ich habe aber diese Verantwortung damals gern auf mich genommen und mich in der Praxis hernach auch von der Richtigkeit dieser Entscheidung überzeugt. Dieses eine Jahr Zwischenraum sollte ja keine Strafmaßnahme für die Konfirmanden sein, die auch zur Jugendweihe gingen. Es sollte vielmehr die jungen Menschen dazu anleiten, zu überlegen, was nun in ihrem Leben eigentlich gelten sollte: Die Jugendweihe oder die Konfirmation.

Ende 1959 habe ich alle Konfirmanden, die im Frühjahr 1959 an der Jugendweihe teilgenommen haben und deshalb nicht konfirmiert wurden, besucht, um ihnen zu sagen, daß sie gern im Frühjahr 1960 konfirmiert werden können, sofern sie Wert darauf legen sollten. Wenn sie mir dann antworteten, daß sie sich nicht mehr konfirmieren ließen, weil sie ihre Jugendweihe ernst genommen hätten, habe ich den Eltern, die oft ganz anderer Meinung waren, zugeredet, diese Entscheidung der jungen Menschen zu achten. Ich habe es erlebt, daß junge Menschen, die sich ein Jahr nach der Jugendweihe nicht hatten konfirmieren lassen, dann zwei Jahre danach zu mir kamen, weil ihnen nun die Konfirmation wichtiger geworden war.

Die Kirchengemeinde Grimmen hielt an diesem einen Jahr Zwischenraum zwischen Jugendweihe und Konfirmation bis in das Jahr 1962 hinein fest. Sie schloß den normalen Konfirmationsunterricht mit der sogenannten Prüfung vor Ostern des betreffenden Jahres ab, sammelte dann zwischen Ostern und Pfingsten die jungen Menschen, welche sich ausschließlich nur konfirmieren lassen wollten, zu kurzen Vorbereitungsstunden zu Themen der Sakramente und die Konfirmation und konfirmierte diese dann um Pfingsten herum. Meist wurden mit diesen zusammen die Jugendlichen konfirmiert, welche im Vorjahr an der Jugendweihe teilgenommen hatten.

Im Jahr 1962 führte Bischof D. Dr. Krummacher eine Generalkirchenvisitation in der Landeskirche durch. Dort stellte er fest, daß die Handhabung der Konfirmation der Jugendgeweihten im Grimmer Kirchenkreis besonders uneinheitlich ist. Es sollte nun versucht werden, zu einer einheitlichen Handhabung zu kommen. Superintendent Dr. Winter[64] *schlug deshalb vor, daß alle Gemeinden des Kirchenkreises Grimmen, die an der Jugendweihe teilgenommenen Jugendlichen noch im selben Jahr konfirmieren sollte, in der Zeit zwischen Anfang September und Ende Dezember. Für die Grimmer Kirchengemeinde bedeutete das, daß sie nun, von dem Abstand eines Jahres auf einen Abstand von höchstens acht Monaten zwischen Jugendweihe und Konfirmation zurückgehen mußte. Ich hielt ein solches Zurückgehen weder für nötig noch für gut, da ich von der Richtigkeit eines mindestens einjährigen Abstandes zwischen Jugendweihe u. Konfirmation überzeugt war. Hinzu kam, daß auch führende Männer der Evangelischen Kirche wie Oberkirchenrat De Boor,*[65] *Mecklenburg, und Präses* [sic] *Hildebrand*[66] *von der Evangelischen Kirche der Union mir dringend dazu rieten, es bei der seit 1959 in Grimmen üblichen Praxis zu belassen. Meine Bitte an Superintendent Dr. Winter, mit einer Änderung der Grimmer Praxis wenigstens so lange zu warten, bis alle Gemeinden des Kirchenkreises mit der Konfirmation der Jugendgeweihten auf den September-Termin hinausgerückt wären, blieb leider auch erfolglos.*

In einer Aussprache, die ich in dieser Angelegenheit mit Bischof D. Dr. Krummacher hatte, sagte ich diesem etwa:

›Herr Bischof! Grimmen hat in der Konfirmation der Jugendgeweihten im Nordteil unseres Kirchengebiets eine vorgeschobene Position inne. Räumt es diese, wird es sie nicht mehr besitzen. Im Gegenteil, es wird auch in Grimmen zu einem immer weiteren Rückgang des Termins für die Nachkonfirmation kommen.‹

Und es ist so gekommen. Die Ostern 1963 Jugendgeweihten wurden im Januar 1964 konfirmiert, die im Frühjahr 1964 an der Jugendweihe teilgenommenen bereits am 1. Advent 1964. In den Folgejahren rückte der Termin dann auf Ende August, später auf Anfang Juli, so daß wir im Jahr 1972 auch in Grimmen bereits

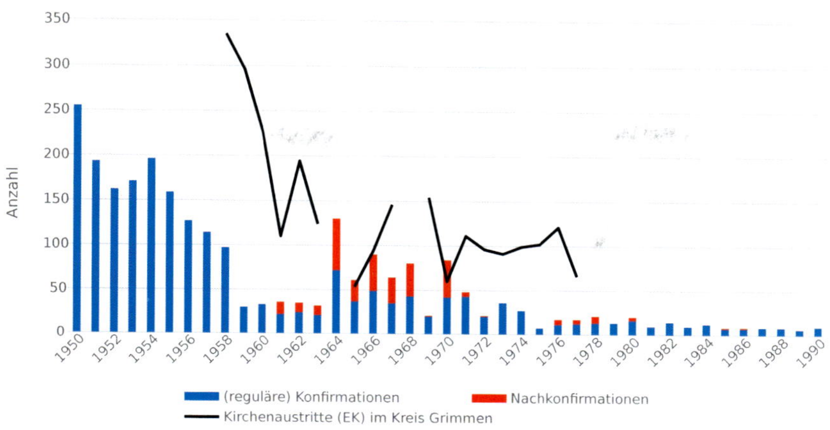

Abb. 9 Konfirmationen in der Kirchengemeinde Grimmen (1950–1990) sowie Austritte aus der Evangelischen Kirche im Kreis Grimmen (1958–1977)[69]

bei dem Pfingsttermin angekommen sind. Und es werden die Jugendgeweihten nun auch in Grimmen schon seit einigen Jahren mit den Kindern zusammen eingesegnet, die sich nur konfirmieren lassen, wenn es in dem betreffenden Jahrgang überhaupt noch Konfirmanden gibt, die auf die Jugendweihe verzichten.«[67]

Abschließend stellt Pfarrer Schmidt fest, dass es im Grimmer Kirchenkreis dennoch nicht zu einer einheitlichen Handhabung in der Frage der Konfirmation, gekommen ist, da Gemeinden des Kirchenkreises nicht bereit waren, die an der Jugendweihe teilgenommenen Jugendlichen wenigstens im Herbst zu konfirmieren.

In der Tat war die Suche nach dem rechten Weg in der Frage der Neuordnung der Konfirmation für Pastor Jürgen Schmidt eine geistliche Frage. In Briefen wandte er sich, wie seinen Eintragungen in der Kirchlichen Chronik zu entnehmen ist, mit diesem Anliegen im Mai 1960 an das Institut für Praktische Theologie in Greifswald, an Oberkirchenrat Werner de Boor in der Mecklenburgischen Kirche sowie an den Präsidenten der Kirchenkanzlei der EKU in der DDR. Lediglich das Antwortschreiben von William Nagel vom Institut für Praktische Theologie an der Universität Greifswald ist in den Akten zu enthalten. Jürgen Schmidt hatte seine Sorge über eine mögliche Vorverlegung der Konfirmation für Jugendliche, die zuvor an der Jugendweihe teilnahmen, zum Ausdruck gebracht und um eine entsprechende Unterstützung in der Sache gebeten. Der Greifswalder Professor für Praktische Theologie, William Nagel, teilte Schmidt mit, dass eine Vorverlegung der Konfirmation als Abendmahlszulassung, wie sie der Entwurf der Evangelischen Kirche in Deutschland vorsieht, von allen Beteiligten für eine unter den Verhältnissen der DDR völlig indiskutable Angelegenheit angesehen werde. Dennoch habe es innerhalb der Gliedkirchen der EKU in den Ostkirchenausschüssen keine Verständigung in dieser Frage geben können, da es hier zwei ganz unterschiedliche Vorstellungen gegeben habe. Einerseits sei strittig gewesen, ob die Unvereinbarkeit von Jugendweihe und Konfirmation durch den Abstand von einem Jahr auch äußerlich sichtbar gemacht werden sollte. Andererseits stellte sich die Frage, ob die Unvereinbarkeit beider in einem seelsorgerlichen Gespräch vor der Abendmahlszulassung den Jugendgeweihten zum Bewusstsein gebracht werden sollte. Angesichts der Tatsache oft noch ganz verschieden gelagerter Voraussetzungen innerhalb der DDR hatte Nagel den Eindruck, dass schließlich verschiedene Wege als möglich empfohlen werden könnten (Abb. 9).[68]

Nachdem durch den Bischof und die Superintendenten der Greifswalder Kirche in der Generalvisitation im Jahre 1962 Festlegungen für die Neuregelungen in der Frage des Zeitpunktes für die Nachkonfirmationen getroffen worden waren, hat sich Pastor Schmidt erneut mit langen Briefen an das Greifswalder Konsistorium, an das Institut für Praktische Theologie der Universität Greifswald, an Oberkirchenrat Werner de Boor in der Mecklenburgischen Kirche und an den Präsidenten der Kirchenkanzlei der EKU in der DDR gewandt. Ihm war es nicht möglich, diese vereinbarte Neuregelung zu akzeptieren und anzunehmen, da er von der Richtigkeit dieser nicht überzeugt war.

Abb. 10 Abschluss der Generalvisitation der Synode Grimmen durch Bischof Friedrich-Wilhelm Krummacher 1962.

Oberkirchenrat Werner de Boor aus Schwerin schrieb Schmidt am 11. Mai 1963, dass er die bisher von Schmidt geübte Praxis mit der einjährigen Wartezeit zwischen Jugendweihe und Konfirmation weiterhin empfehlen würde. Die Jugendweihe sei weder harmlos noch mit der kirchlichen Einsegnung zu vereinbaren. Als vollberechtigte Glieder zum Abendmahl zugelassen werden könne nur derjenige, wer zur klaren Erkenntnis gekommen sei, im Ernst Jesus gehören zu wollen und damit jeder atheistischen Bindung absage. Ein angemessener Abstand zwischen Jugendweihe und Konfirmation bleibe deshalb unverzichtbar, von welchem de Boor Schmidt rät, auch um des Friedens willen nicht abzuweichen.[70]

Präses Hildebrandt von der Kirchenkanzlei der Evangelischen Kirche der Union schrieb Schmidt am 10. Juni 1963 einen vier Seiten langen Brief und versuchte darin deutlich zu machen, wie verschieden die Situation in den Gliedkirchen, auch zwischen

Stadt und Land sei, wo eine einheitliche Regelung in der Frage des rechten Zeitpunkts der Nachkonfirmation nur schwer zu erreichen sein werde. Er gab Schmidt den Rat, der Weisung seiner Landeskirche zu folgen, immer im Wissen, dass die Konfirmation und die Jugendweihe unvereinbar miteinander seien, wie immer die Regelung aussehe. Entscheidend bleibe, dass die Unvereinbarkeit beider um der Wahrheit und des Zeugnisses an Christus willen auch sichtbar und deutlich für die Außenstehenden bleibe. Zum Abschluss seines Schreibens warb Hildebrandt darum, dass die Kirche einen langen Atem in der Beantwortung dieser Frage behalten möge und nicht in nervöser Überhastung vorschnell Entscheidungen treffe.[71]

Aus einem weiteren (achtseitigen) Brief von Jürgen Schmidt an Bischof Krummacher vom 12. August 1963 geht deutlich hervor, dass der Grimmer Pastor auch nach den Antworten von Oberkirchenrat de Boor und Präsident Hildebrandt in der Frage des Nachkonfirmationstermins nicht zur Ruhe gekommen ist:

»In einer großen Not wende ich mich heute an Sie. Ich kann und mag nicht zum Lügner werden vor meiner Gemeinde und mir selbst. Ich habe sehr gut gehört, was uns auf den Bezirkskonventen des Frühjahrs 1959 zu der Frage des zeitlichen Abstandes zwischen Jugendweihe und Konfirmation für die Jugendgeweihten gesagt worden ist. Ich habe das in dem hiesigen Gemeindekirchenrat, in dem ich damals die alleinige Verantwortung hatte, vertreten und dann meinen Konfirmanden und deren Eltern weitergegeben aber nicht, weil es ein Gebot der Kirchenleitung wäre, nach welchem wir uns zu richten hätten, sondern, wie uns immer wieder sehr eindringlich nahegelegt worden ist, weil ich das selber durchdacht und mir zu eigen gemacht habe. Es entsprach in vielem dem, was ich mir selbst schon als eine vielleicht mögliche Lösung der Not für unsere jungen Glieder zurechtgelegt hatte. Ich habe dann aber vor allem seit dem Frühjahr 1960, in welchem ich zum ersten Male einen großen Teil der im Vorjahr Jugendgeweihten ein Jahr nach der Jugendweihe konfirmiert habe, Jahr für Jahr

die Erfahrung gemacht, wie gut und notwendig ein solcher langer Zwischenraum zwischen Jugendweihe und Konfirmation für die jungen Menschen ist, damit sie erst einmal Abstand von der Jugendweihe gewinnen und sich darüber klar werden, was nun eigentlich für sie gelten soll. Ich kann nun von dem allen beim besten Willen nicht einfach abrücken, auch weil eine Einheitlichkeit im Kirchenkreis in der Frage des Nachkonfirmationstermins nicht in Sicht ist.«[72]

Jürgen Schmidt gab dem Bischof Auskunft über den Kontakt zu Präsident Hildebrandt und bringt ein weiteres Problem für die Unverrückbarkeit des bisherigen Nachkonfirmationstermins ins Gespräch. Denn während des Sommers fehlte die Möglichkeit, die an der Nachkonfirmation interessierten Jugendlichen auf die Konfirmation vorzubereiten. Sommerzeit war auch seinerzeit Ferienzeit und mit Abwesenheit der Jugendlichen oder deren Einsatz bei der Ernte verbunden, so dass eine gründliche Vorbereitung auf die Konfirmation überhaupt nicht möglich war. Schmidt legte überdies noch die Meinungsverschiedenheit in dieser Frage mit seinem Superintendenten dar und bat schließlich den Bischof um sein Einverständnis, den bei der Generalvisitation vereinbarten Weg nicht mitgehen zu dürfen. Ein Antwortschreiben von Bischof Krummacher ist im Kirchgemeindearchiv leider nicht enthalten. Es scheint aber so, dass Schmidt vom Bischof gebeten wurde, die Vereinbarung, welche bei der 1962 stattgefundenen Generalvisitation getroffen worden sei, nämlich im Kirchenkreis einen einheitlichen Weg in der Frage des Nachkonfirmationstermins zu gehen, einzuhalten.

Abschließend muss konstatiert werden, dass die von Pastor Schmidt geforderte Beibehaltung des Nachkonfirmationstermins im Folgejahr nach der Jugendweihe das Verhältnis zu seinem Kollegen und Dienstvorgesetzten Friedrich Winter schwer gestört hat. Am 6. März 1964 schreibt Schmidt einen langen Brief an seinen Superintendenten und stellte darin mit großem Bedauern fest, dass es wegen der Uneinigkeit in der Frage des Nach-

Kreis	Schuljahrgang 1962/63				
	Schüler	Teilnahme an Jugendweihe	Teilnahme an Jugendweihe und Konfirmation	Anteil der Jugendweiheteilnehmer am Schuljahrgang	Anteil der Konfirmierten am Jugendweihejahrgang
Bad Doberan	607	549	238	90,4%	43,4%
Greifswald	893	849	316	95,1%	37,2%
Grevesmühlen	607	581	240	95,7%	41,3%
Grimmen	470	427	118	90,9%	27,6%
Ribnitz-Damgarten	820	761	187	92,8%	24,6%
Rostock - Land	445	392	91	88,1%	23,2%
Rostock - Stadt	1.884	1.810	232	96,1%	12,8%
Rügen	1.191	1.176	463	98,7%	39,4%
Stralsund - Land	415	396	84	95,4%	21,2%
Stralsund - Stadt	753	739	99	98,1%	13,4%
Wismar - Land	420	410	188	97,6%	45,9%
Wismar - Stadt	661	648	73	98,0%	11,3%
Wolgast	808	783	205	96,9%	26,2%
Bezirk Rostock	9.974	9.521	2.534	95,5%	26,6%
Landkreise im Bezirk Rostock	6.676	6.324	2.130	94,7%	33,7%
Stadtkreise im Bezirk Rostock	3.298	3.197	404	96,9%	12,6%

konfirmationstermins zwischen Winter und ihm zu großen Zerwürfnissen in der Gemeinde und zu Unfrieden gekommen sei. Schmidt warf Winter vor, ein brüderliches Miteinander vermissen zu lassen und sich gegen ihn gestellt zu haben. Dies manifestierte sich nach Schmidts Auffassung einerseits während der Auseinandersetzungen, die es wegen der Jugendweiheproblematik im Gemeindekirchenrat Grimmen gegeben habe, aber andererseits auch daran, dass Superintendent Winter die Vorverlegung des

Kreis	Schuljahrgang 1963/64				
	Schüler	Teilnahme an Jugendweihe	Teilnahme an Jugendweihe und Konfirmation	Anteil der Jugendweiheteilnehmer am Schuljahrgang	Anteil der Konfirmierten am Jugendweihejahrgang
Bad Doberan	716	655	286	91,5%	43,7%
Greifswald	1.001	973	368	97,2%	37,8%
Grevesmühlen	703	670	279	95,3%	41,6%
Grimmen	495	473	114	95,6%	24,1%
Ribnitz-Damgarten	918	837	202	91,2%	24,1%
Rostock - Land	492	424	184	86,2%	43,4%
Rostock - Stadt	2.167	2.102	248	97,0%	11,8%
Rügen	1.240	1.222	380	98,5%	31,1%
Stralsund - Land	443	433	144	97,7%	33,3%
Stralsund - Stadt	771	749	104	97,1%	13,9%
Wismar - Land	484	474	203	97,9%	42,8%
Wismar - Stadt	735	725	107	98,6%	14,8%
Wolgast	950	928	266	97,7%	28,7%
Bezirk Rostock	11.115	10.665	2.885	96,0%	27,1%
Landkreise im Bezirk Rostock	7.442	7.089	2.426	95,3%	34,2%
Stadtkreise im Bezirk Rostock	3.673	3.576	459	97,4%	12,8%

Tabelle 3 Teilnahme an der Jugendweihe sowie gleichzeitige Teilnahme an Konfirmation und Jugendweihe im Bezirk Rostock in den Schuljahrgängen 1962/63 sowie 1963/64[73]

Nachkonfirmationstermins zu einem Zeitpunkt durchgesetzt habe, wo noch nicht einmal der Bischof ihm eine Antwort auf sein Schreiben zukommen lassen hatte (Tabelle 3).

Schmidt sah bei Winter eine nicht nachvollziehbare Kompromisslosigkeit in der Sache, die so weit gegangen sei, dass es nicht mal möglich gewesen sei, den Nachkonfirmationstermin wenigs-

Abb. 11 Blick vom Mühlentor über das Kalandshaus, das Pfarrwitwenhaus, das Armenhaus und die Superintendentur auf das Industriegebiet an der Stralsunder Straße im Jahr 1962. Hier befanden sich schon seit Jahrzehnten eine Ziegelei und das Areal des in der Zwischenkriegszeit so erfolgreich wirtschaftenden Landwirtschaftlichen Ein- und Verkaufsvereins Grimmen. Seit Beginn der 1960er Jahre wurde zwischen Stoltenhäger Straße und Heidebrinker Weg der Sitz des neugeschaffenen VEB Erdöl-Erdgas Grimmen errichtet. In diesen Jahren entstanden auch ein Betrieb für Leichtzuschlagstoffe im Bauwesen, ein Geflügelschlachthof, ein Kraftfahrzeuginstandsetzungswerk, die Kleiderwerke, eine Großbäckerei sowie ein größerer Baubetrieb. Die bereits seit dem ausgehenden 19. Jahrhundert existierende Molkerei wurde auf die Herstellung von Hartkäse und Milchzucker spezialisiert, was eine erhebliche Erweiterung, verbunden mit einem kräftigen Personalzuwachs zur Folge hatte. Die Einwohnerzahl der Kreisstadt wurde in jenen Jahren mehr als verdoppelt. Allein fünf neue Schulen wurden in Grimmen nach dem Zweiten Weltkrieg gebaut. Hatte Grimmen bis in die ausgehenden 1950er Jahre das Gepräge einer kleinen pommerschen Ackerbürgerstadt, so waren die kirchlichen Bindungen der Familien im neuen Wohngebiet Süd-West sowie später in der Plattenbausiedlung an der Straße der Befreiung zunehmend schwächer ausgeprägt oder gar nicht mehr vorhanden, zumal viele dieser neuen Bewohner wegen der Aussicht auf Arbeit nach Grimmen gezogen waren, also gar nicht aus der Region stammten. Rechts im Bild ist der Turm der Marienkirche angerissen.

tens auf den Januar des nachfolgenden Jahres zu legen, um dadurch den Abstand zur im Vorjahr stattgefundenen Jugendweihe deutlicher zum Ausdruck zu bringen. Winter würde in dieser Angelegenheit einzig aus Prestigegründen handeln, obwohl er sonst ein eher ausgleichender Mann sei, war Schmidt der Meinung.[74]

Superintendent Winter verließ noch im Jahr 1964 Grimmen und Schmidt musste mit ansehen, dass die anderen Pfarrer des Kirchenkreises Grimmen sich nicht annährend an die bei der Generalvisitation getroffenen Festlegungen hielten. Allerdings muss Winter zugutegehalten werden, dass er eben nur im Gemeindekirchenrat Grimmen auch die realen Möglichkeiten hatte, das umzusetzen, was zwischen Bischof und ihm vereinbart worden war. In den anderen Gemeinden konnte er lediglich um die Umsetzung des Beschlossenen werben. Schmidt selbst hat sehr über den Umgang mit dem Glaubenszeugnis der Konfirmation gelitten, aber auch daran, dass das Miteinander im Gemeindekirchenrat sich dadurch spürbar verschlechterte.

Insgesamt kann festgestellt werden, dass die Vorverlegung des Nachkonfirmationstermins zu keinem zufriedenstellenden Ergebnis führte. Schmidt hat das aus seiner Sicht und auf Grundlage seiner Erfahrungen in seinen Eintragungen in der Kirchlichen Chronik zu beschreiben versucht.

In der Tat ist es so, dass die Eintragungen im Konfirmandenregister belegen, dass die Nachkonfirmationstermine im zeitlichen Abstand zur Jugendweihe immer kürzer geworden sind, bis diese im Jahr 1973 völlig verschwanden. Fortan wurden die Jugendgeweihten wenige Wochen nach ihrer Teilnahme an der Jugendweihe konfirmiert, ohne eine Bedenk- oder Bußzeit einhalten zu müssen, wie sie einst von der Landeskirche gefordert und auch von Schmidt als gut und richtig befunden wurde. Auch der Verlust von kirchlichen Rechten für die Jugendlichen, welche an der Jugendweihe teilnahmen, scheint innerkirchlich nicht mehr in Anwendung gebracht worden zu sein.[75]

Es war sicherlich richtig, dass die Kirchen in der DDR gegenüber sich selbst einen hohen Anspruch im Umgang mit den Herausforderungen um eine Neuordnung der Konfirmation gestellt haben, auch wenn aus heutiger Sicht festgestellt werden muss, dass dieser nicht umzusetzen war. Hierzu muss auch grundsätzlich die Frage gestellt werden, ob aus kirchenrechtlicher Sicht eine Aberkennung der kirchlichen Rechte bei Jugendlichen überhaupt möglich gewesen wäre, wenn diese neben der Konfirmation auch an der Jugendweihe teilgenommen haben. Problematisch bleibt außerdem die Auffassung, dass ein größerer zeitlicher Abstand zwischen Jugendweihe und Konfirmation bessere Rahmenbedingungen schaffen würde, der bei den Jugendlichen zu dem erforderlichen Erkenntnisgewinn führt, dass sich Jugendweihe und Konfirmation ausschließen und sie mit ihrer Teilnahme an der Jugendweihe schuldig werden vor Gott. Diese Erkenntnis des schuldig Werdens vor Gott bewirkt allein der Geist Gottes, so dass diese auch zu jeder anderen Zeit hätte eintreten können und eben nicht an Rahmenbedingungen gebunden ist. Notwendig bleibt dazu aber das Eingebundensein in gelebter christlicher Gemeinschaft, die Auseinandersetzung mit Gottes Wort, das Gebet und die Teilnahme am Abendmahl, so wie es Bischof Krummacher deutlich zu machen versucht hat. Dass diese Verbindlichkeit gelebten Glaubens in den Jahren der Auseinandersetzung um den rechten Weg der Neuordnung der Konfirmation nicht mehr in der Weise in der Grimmer Kirchengemeinde gegeben war, scheint das eigentliche Problem zu sein und nicht die dann eingetretene Verschiebung des Konfirmationstermins, welche nicht verhindert werden konnte und von allen Beteiligten viel an Kraft und Zeit abverlangt hat.

ANMERKUNGEN

1 Für die zahlreichen Anmerkungen, die kritische Durchsicht des Manuskripts, sowie für die Unterstützung bei der Auswertung und Visualisierung des statistischen Materials bin ich Markus Kaufhold M.A. zu besonderem Dank verpflichtet.

2 Um keine Konfrontation mit den Kirchen heraufzubeschwören, verzichteten die SED-Machthaber zunächst auf eine Unterstützung der Jugendweihe und empfahlen stattdessen die Konzentration auf die Schulentlassungsfeier: vgl. Fischer 1998, S. 42f.

3 Zur Verdeutlichung des repressiven Charakters bei der Etablierung der Jugendweihe: vgl. Anhalt 2016.

4 Vgl. o. V., Ostsee-Zeitung, vom 10. Januar 1955, S. 1.

5 Vgl. o. V., Deutsche Lehrerzeitung, 5 (1958) 35, S. 5f.

6 Johannes Robert Becher, 1891–1958; 1911–1918 Studium der Philologie, Philosophie und Medizin an den Universitäten München, Berlin und Jena; 1917 Eintritt in die USPD; ab 1918 freier Schriftsteller in Berlin: 1923 Eintritt in die KPD; 1933 Emigration aus Deutschland; 1934 Entzug der deutschen Staatsangehörigkeit; 1945 Mitbegründer und erster Präsident des Kulturbundes; 1946 Mitglied des ZK der SED; 1949 Dichtung der DDR-Nationalhymne; 1950–1958 MdV; 1954–1958 Minister für Kultur.

7 Vgl. Pfarrarchiv Grimmen, Akte Jugendweihe 1955–1960.

8 In der Greifswalder Kirche gingen lediglich zwei Prozent der ursprünglich zum Konfirmandenunterricht angemeldeten Heranwachsenden zur Jugendweihe, so dass der Grimmer Anteil von einem Fünftel deutlich den Landeskirchendurchschnitt überschritt: vgl. Dähn 1998, S. 44.

9 Vgl. Tabelle 1, S. 4.

10 Vgl. Pfarrarchiv Grimmen, Akte Jugendweihe, Tabelle Konfirmanden und Jugendweihe 1955 sowie Tabelle Konfirmanden und Jugendweihe 1956–1957.

11 Werner Rautenberg, 1896–1969; 1935 kommissarischer Leiter des Evangelischen Preßverbandes für Pommern; 1941 Promotion an der Universität Prag (Diss. »Die geistige Kultur des preußischen Offiziers von 1640 bis 1806. Ein kulturphilosophischer Versuch«); 1945 Mitglied der pommerschen Kirchenleitung; 1946 Präses der Synode; 1945–1969 Bevollmächtigter für das Hilfswerk.

12 Pfarrarchiv Grimmen, Schreiben des Greifswalder Konsistoriums vom 27. Dezember 1954 mit Wort der Kirchenleitung vom 17. Dezember 1954.

13 Emil Priewe, 1894–1964; 1924 Promotion (Diss. »Die religiösen und rechtlichen Grundlagen des davidschen Königtums.«) an der Universität Greifswald; 1946 Ausschuss zur Widerherstellung eines an Schrift und Bekenntnis gebundenen Pfarrstandes; 1947 Beisitzer in der Disziplinarkammer der PEK; 1926–1940 Pfarrer in Schmuggerow 1940–1945 Neumark Syn. Kolbatz, 1945–1951 Pfarrer in Torgelow, 1951–1959 Superintendent in Grimmen.

14 Schreiben Superintendent Priewe an das Konsistorium Greifswald, Tagebuchnummer 27, Jahr 1955.

15 Wilhelm Weskamm, 1891–1956; 1914 Priesterweihe in Paderborn; 1914–1916 Kaplan in Daseburg (Westf.); 1916–1919 stellv. Leiter der kirchlichen Kriegsgefangenenhilfe in Paderborn; 1919–1932 Domvikar in Paderborn; 1932–1943 Pfarrer in Merseburg; 1943–1950 Propst in Magdeburg; 1949 Bischofsweihe und Ernennung zum Weihbischof im Erzbistum Paderborn mit Sitz in Magdeburg; 1950 stellv. Vorsitzender der Berliner Ordinarienkonferenz; 1951–1956 Bischof des Bistums Berlin; 1951–1956 Vorsitzender der Berliner Ordinarienkonferenz.

16 Hirtenwort des Bischofs von Berlin, Wilhelm Weskamm, vom 12. Dezember 1954, abgedruckt in: Lange et al. 1993, S. 73f. Das Hirtenwort des katholischen Berliner Bischofs sollte nach Möglichkeit am Zweiten Weihnachtstag, dem Gedenktag des ersten christlichen Märtyrers, Stephanus, verlesen werden.

17 Vgl. Pfarrarchiv Grimmen, Hirtenbrief vom dritten Adventsonntag 1954 von Bischof Wilhelm Weskamm.

18 Vgl. Pfarrarchiv Grimmen, Schreiben von Superintendent Priewe an die Pfarrämter des Kirchenkreises Grimmen, Tagebuchnummer 170, Jahr 1955.

19 Vgl. Pfarrarchiv Grimmen, Schreiben von Superintendent Priewe an die Pfarrämter des Kirchenkreises Grimmen, Tagebuchnummer 233, Jahr 1955.

20 Vgl. Pfarrarchiv Grimmen, Schreiben des Konsistoriums Greifswald 30808a-1/55 vom 5. Februar 1955.

21 Vgl. Pfarrarchiv Grimmen, Brief der Greifswalder Kirchenleitung an die Vorsitzenden des RdB vom 3.3.1955.

22 Vgl. Pfarrarchiv Grimmen, Brief der Greifswalder Kirchenleitung (Bischof Krummacher) vom 13. Mai 1955, Nummer 86/55.

23 Friedrich-Wilhelm Gustav Adolf Daniel Theodor Krummacher, 1901–1974; 1927 Promotion in evangelischer Theologie (Diss. »Die niederrheinische Erweckungsbewegung im Kampf um Lehre und Verfassung der Kirche 1815–1835«) an der Universität Tübingen; 1928 1932 Pfarrer in Essen (Werden); 1933 Eintritt in die NSDAP; 1933 1939 OKR im Kirchlichen Außenamt der Deutschen Evangelischen Kirche; 1939 1943 Divisionspfarrer in der Wehrmacht; 1943 1945 sowjetische Kriegsgefangenschaft

und Verbringung ins Lager für politisch bedeutsame Gefangene in Krasnogorsk (dort Beitritt zum »Nationalkomitee Freies Deutschland« sowie Mitbegründer und Leiter des Kirchlichen Arbeitskreises innerhalb des Nationalkomitees); 1945 Entlassung aus der Kriegsgefangenschaft; 1955–1972 Bischof der PEK; 1960 1968 Vorsitzender der KKL.

24 Vgl. Pfarrarchiv Grimmen, Brief von Bischof Krummacher an die christlichen Lehrer vom 15. Oktober 1955.

25 In einem Schreiben vom 19. Dezember 1955 des Evangelischen Konsistoriums der Kirchenprovinz Sachsen zur Problematik der Jugendweihe wird zu den Stellungnahmen der vier »Pfarrer festgehalten: »Zur Person dieser Pfarrer stellen wir Folgendes fest: Romanus Mewers, Pfarrer a. D., Frankfurt/O. Nach Auskunft der zuständigen Kirchenleitung ist Mewers nicht Pfarrer, sondern Jounalist und hat nie im Dienst einer Gliedkirche der Evangelische Kirche in Deutschland gestanden. Willi Triebel, Pfarrer i. R., Fürstenwalde/Spree. Triebel ist zur Vermeidung eines Disziplinarverfahrens vorzeitig in den Ruhestand getreten. Pfarrer Fritz Schulze, Dresden. Schulze ist in ein Disziplinarverfahren verwickelt, in dem die erste Instanz auf Amtsenthebung erkannt hat. Pastor Johannes Mau, Berlin. Mau ist nie Pfarrer einer Gliedkirche der Evangelischen Kirche in Deutschland gewesen. Dem Vernehmen nach ist er eine Zeit lang in den Vereinigten Staaten Prediger einer Freien Gemeinschaft gewesen und führt seitdem den Titel Pastor. Diese Männer sprechen nicht im Namen und Auftrag der Evangelischen Kirche. Sämtliche Kirchenleitungen und alle Pfarrer sind sich in dem Grundsatz einig: Jugendweihe und Konfirmation sind unvereinbar.« (zitiert [alle Hervorhebungen i.O.] nach: Gruhle 2003, S. 76.

26 Vgl. Pfarrarchiv Grimmen, Schreiben des Konsistoriums Greifswald mit Handreichung zur Konfirmation vom 21. Oktober 1955, Tagebuch 143/55.

27 Otto Dibelius, 1880–1967; 1899–1904 Studium der evangelischen Theologie an der Friedrich-Wilhelms-Universität in Berlin; 1902 Promotion in evangelischer Theologie (Diss. »Vorstellungen von Gebet und Vaterunser bei griechischen Schriftstellern der ersten Jahrhunderte nach Christus.«) an der Universität Gießen; 1904–1906 Predigerseminar Wittenberg; 1906 Hilfsprediger in Guben; 1907 Archidiakon in Crossen (Oder); 1910 Zweiter Pfarrer an St. Petri und Pauli in Danzig; 1911 Oberpfarrer in Lauenburg/Pommern; 1915 Pfarrer an der Kirche zum Heilsbronnen in Berlin; 1921 Nebenamtliches Mitglied des altpreußischen Evangelischen Oberkirchenrates (EOK) in Berlin-Charlottenburg; 1925–1933 Generalsuperintendent der Kurmark im brandenburgischen Konsistorium in Berlin; 1925 Eintritt in die DNVP; 1933 Beurlaubung durch den NS-Kirchenkommissar und Versetzung in den Ruhestand; 1934–1945 Mitarbeit im Bruderrat der Bekennenden Kirche; 1945 Vorsitzender der Brandenburger und altpreußsichen Kirchenleitung; 1945–1966 Bischof von Berlin-Brandenburg;

1949–1961 EKD-Ratsvorsitzender; 1949 Festpredigt zur Eröffnung des Deutschen Bundestages in Bonn; 1957 Einreiseverbot für die DDR (ab 1961 auch für Ost-Berlin).

28 Das Schreiben ist abgedruckt bei: Lange et al. 1993, S. 88f.

29 Vgl. Pfarrarchiv Grimmen, Schreiben des Konsistoriums Greifswald vom 19. November 1955, Tagebuch 172/55.

30 Vgl. Pfarrarchiv Grimmen, Grimmer Ostsee-Zeitung vom 19. Mai 1956 S.4

31 Vgl. Pfarrarchiv Grimmen, Faltblatt des Pädagogischen Rates der Robert-Koch-Schule Grimmen, 1956.

32 Vgl. Pfarrarchiv Grimmen, Namensliste Jugendweiheteilnehmer 1956, Akte Jugendweihe 1954–1959.

33 Vgl. Pfarrarchiv Grimmen, Brief Walter Piehl an den Superintendenten Priewe, Kirchenkreis Grimmen vom 20. Oktober 1956, Tagebuch 1838.

34 Vgl. Pfarrarchiv Grimmen, Aktenvermerk – Konfirmandenregister, Jahrgang 1957, Seite 286, Nummer 34.

35 Vgl. Pfarrarchiv Grimmen, Brief des Superintendenten Priewe an Walter Priehl vom 23. Oktober 1956, Tagebuch 1843.

36 Die Anzahl der Jugendweiheteilnehmer übersteigt die Angaben in Tabelle 1, S. 4, da dort nur die Jugendweiheteilnehmer des jeweiligen Konfirmationsjahrganges erfasst worden sind. Neben diesen nahmen aber auch noch Heranwachsende an der Jugendweihe teil, die schon in den Jahren zuvor zur Konfirmation gingen.

37 Otto Emil Franz Grotewohl, 1894–1964; 1908–1912 Buchdruckerlehre; 1912–1918 SPD; 1918–1922 USPD; 1922 SPD; 1921–1925 MdL (Braunschweig); 1922 Braunschweigischer Minister für Justiz und Volksbildung; 1923–1924 Braunschweigischer Minister der Justiz; 1925–1933 MdR; 1945 Vorsitzender des Zentralausschusses der SPD; 1946 Mitglied des Parteivorstands der SED; 1946–1950 MdL (Sachsen); 1946–1954 Mitglied des Politbüros der SED sowie Vorsitzender (zusammen mit Wilhelm Pieck) der SED; 1949–1964 Ministerpräsident bzw. Vorsitzender des Ministerrates der DDR.

38 Walter Ernst Paul Ulbricht, 1893–1973; 1907–1911 Tischlerlehre; 1912 Eintritt in die SPD; 1917 Eintritt in die USPD; 1920 Eintritt in die KPD; 1924 Internationale Lenin-Schule in Moskau; 1926–1929 MdL (Sachsen); 1927 Kandidat des Politbüros des ZK der KPD; 1928 Mitglied der KPdSU; 1928–1933 MdR; 1929–1946 Mitglied des Politbüros des ZK der KPD; 1946–1951 MdL (SachsenAnhalt); 1933 Emigration; 1933–1935 Mitglied der Auslandsleitung der KPD; 1943–1945 Mitglied sowie Leiter der operativen Abteilung des Nationalkomitees Freies Deutschland; 1945 Rückkehr nach Deutschland als Leiter der sogenannten Initiativgruppe des ZK der KPD (»Gruppe Ulbricht«); 1946 Mitglied des ZK der SED; 1949–1973 Mitglied des Politbüros des ZK der SED; 1950–1973 MdV; 1949–1955 Stellvertreter sowie 1955–1960 Erster Stellvertreter des Vorsit-

zenden des Ministerrates der DDR; 1950–1971 Erster Sekretär bzw. Generalsekretär des ZK der SED; 1960–1971 Vorsitzender des Nationalen Verteidigungsrates; 1960–1973 Vorsitzender des Staatsrates der DDR.

39 Zur Etablierung der Jugendweihe in der DDR vgl., Abbildung 1 auf S. 2.

40 Vgl. Pfarrarchiv Grimmen, Brief der KKL vom 2. Oktober 1957 an Ministerpräsident Grotewohl.

41 Vgl. Pfarrarchiv Grimmen, Hirtenbrief der Bischöfe der KKL, gesendet von Bischof Krummacher am 14. Oktober 1957, Tagebuch 219/57.

42 Vgl. Thomas Gandow, Jugendweihe, Humanistische Jugendfeier, München 1994, S. 36. Der in Parteimaterialien genannte Anteil an Jugendweiheteilnehmern von 17,7 Prozent im Jahr 1955 sowie von 23,7 Prozent im Jahr 1956 gilt allerdings als überhöht: vgl. Dähn, 1998, S. 44f.

43 Karl Maron, 1903–1975; 1917–1921 Maschinenschlosserlehre; 1926–1946 KPD; 1945–1946 Erster Stellvertretender Oberbürgermeister von Berlin; 1946–1949 Stadtverordneter von Berlin; 1949–1950 Stellvertretender Chefredakteur des SED-Zentralorgans Neues Deutschland; 1950 Chef der Deutschen Volkspolizei und stellvertretender DDR-Innenminister; 1954 Mitglied des ZK der SED; 1955–1963 DDR-Innenminister und Chef der Deutschen Volkspolizei; 1958–1967 MdV.

44 Vgl. Pfarrarchiv Grimmen, Brief des Innenministers der DDR an Bischof Krummacher vom 18. Oktober 1957.

45 Vgl. Pfarrarchiv Grimmen, Brief des Greifswalder Konsistoriums im Auftrag des Bischofs vom 19. Oktober 1957, Tagebuch 95/97.

46 Vgl. Pfarrarchiv Grimmen, Zwei anonyme Briefe, Akte Jugendweihe 1954–1959, Tagebuch 259/58.

47 Vgl., Tabelle 2 S. 12.

48 Vgl., Abbildung 3 S. 6.

49 Die volkskirchliche Verwurzelung der Konfirmation in Vorpommern ging nach Einführung der Jugendweihe rapide zurück. Ließen sich 1955 noch 80 Prozent der Jugendlichen konfirmieren, waren es 1960 lediglich 35 Prozent: vgl. Liepold 2000, S. 97.

50 Vgl. Ueberschär, 2003, S. 221.

51 Dass die Jugendweihe (auch) als kirchenpolitisches Kampfmittel eingesetzt wurde, trat immer deutlicher hervor. Die Parallelität von Durchsetzung der Jugendweihe und Propaganda für Kirchenaustritte stellte der katholische Berliner Bischof Döpfner in einem kirchenpolitischen Bericht heraus: vgl. Raabe 1998, S. 57.

52 Im LAG sind die Erfassungen nur mit Lücken überliefert: vgl. LAG, Akte 7.3.78, Zeichen 1/21715, S. 128.

53 Vgl. LAG, Akte 7.3.78, Zeichen 1/21715, S. 128. Die Werte für die Jahre 1965 und 1967 stellen eine Hochrechnung dar, da lediglich Angaben für das vierte bzw. erste Quartal vorliegen. Für die Ermittlung der Jahreswerte wurde unterstellt, dass die prozentuale Veränderung der jeweils

vorliegenden Quartalsdaten auch für die übrigen drei Quartale angenommen werden kann. Eine Multiplikation der jeweils vorliegenden Quartalsangaben unterläge dem Nachteil, Verzerrungen zu verursachen, insofern die Austrittszahl ungewöhnlich hohe oder niedrige Werte aufweist. Die Zugrundelegung der prozentualen Veränderung der jeweils überlieferten Quartalsangaben auf die übrigen drei Quartale soll dem entgegenwirken. Dementsprechend gilt für die Kirchenaustritte (KA): Diese Vorgehensweise scheidet jedoch mitunter bei Austritten aus der Katholischen Kirche aus, da sie im Bezirk Rostock lediglich als Diasporakirche verankert war, wodurch Austritte in ihrer Häufigkeit geringer oder auch gar nicht auftreten (und der Divisor in der Berechnung entsprechend eine Null einnehmen konnte). Insofern dies vorlag und gleichzeitig im überlieferten Quartal mindestens ein Austritt dokumentiert war, wurde der überlieferte Quartalswert auf das Gesamtjahr hochgerechnet, wodurch die oben erwähnten Verzerrungen auftreten könnten.

54 Vgl. Pfarrarchiv Grimmen, Schreiben des Greifswalder Konsistorium an die Superintendenten vom 21. Dezember 1957, Tagebuch 158/57.

55 Pfarrarchiv Grimmen, Vermerke im Konfirmandenregistern der Kirchengemeinde Grimmen, 1946–1976.

56 Vgl. Pfarrarchiv Grimmen, Schreiben Bischof Krummacher vom 18. Januar 1958 an alle Pfarrämter, Tagebuch 74/58.

57 Vgl. Pfarrarchiv Grimmen, Handreichung »Zur Frage der Jugendweihe, Anlage Bischofsbrief vom 18. Januar 1958.

58 Vgl. Pfarrarchiv Grimmen, Richtlinie zur Neuordnung der Konfirmation von der Kirchenleitung Greifswald vom 27. November 1959, Tagebuch 470/1959.

59 William Nagel, 1905–1995; Studium der evangelischen Theologie an den Universitäten in Marburg und HalleWittenberg; 1930 Promotion (Diss. »Luthers Anteil an der Confessio Augustana. Eine historische Untersuchung«) an der Universität HalleWittenberg; ab 1951 Lehrstuhl für Praktische Theologie an der Universität Greifswald; 1958–1973 Mitglied der Kirchenleitung der PEK. Nagel setzte sich explizit mit der neuentstandenen Problematik in einer Veröffentlichung auseinander: vgl. Nagel 1959.

60 Vgl. Pfarrarchiv Grimmen, Entschließung der Landessynode Greifswald zur Frage der Konfirmation, vom 4. November 1960.

61 Jürgen Schmidt, 1910–2001; 1937–1957 Pfarrer in Ahlbeck, 1957–1972 Pfarrer in Grimmen.

62 Über den ausgeübten Druck, an der Jugendweihe teilzunehmen: vgl. Fischer 1998, S. 6787.

63 Es waren laut Eintrag im Konfirmandenregister zehn Kinder, die Schmidt konfirmierte: vgl. Pfarrarchiv Grimmen, Konfirmandenregister.

64 Friedrich Winter, geb. 1927; Studium der evangelischen Theologie in Greifswald, Berlin und Rostock; 1952 Promotion (Diss. »Confessio Augustana und Heidelberger Katechismus in vergleichender Betrachtung.«) an der Universität Rostock; 1954–1960 Studentenpfarrer in Greifswald; 1960–1964 Pfarrer und Superintendent in Grimmen; 1964–1973 Dozent für Praktische Theologie am Sprachenkonvikt in Berlin; 1973–1986 Propst und Vertreter des Bischofs am Konsistorium der Evangelischen Kirche in BerlinBrandenburg; 1986 Leiter der Kirchenkanzlei der EKU (Bereich Ost).

65 Werner de Boor, 1899–1976; Studium der evangelischen Theologie an den Universitäten in Marburg, Tübingen und Erlangen; 1922–1924 Vikariat in Eisenach; 1924–1926 Pfarrer in Bobeck/Thür.; 1926–1928 Assistent an der Theologischen Fakultät der Universität Marburg; 1928–1932 Pfarrer in Kordeshagen in Pommern; 1929 Promotion (Diss. »Herders Erkenntnislehre in ihrer Bedeutung für seinen religiösen Realismus.«) an der Universität Marburg; 1932–1935 Pfarrer in Stolp/Pommern; 1933–1945 Mitglied der Bekennenden Kirche; 1945 Pfarrer in Lübthen/Mecklenburg und Wismar; 1946 Pfarrer in Rostock; 1946–1953 Referent für Volksmission des Schweriner Oberkirchenrates; 1953 Ausscheiden auf eigenen Wunsch aus dem Oberkirchenrat und Betätigung als freier landeskirchlicher Evangelist.

66 Franz-Reinhold Hildebrandt, 1906–1991, von 1933–1936 Pfarrer in Goldap, 1936 Vorsitzender des Bruderrates der BK Ostpreußen, 1946–1952 Propst zu Halberstadt 1952–1972 Präsident der Kirchenkanzlei der EKU, ab 1961 Direktor der Evangelischen Forschungsakademie, bis 1978 Oberdomprediger am Berliner Dom.

67 Vgl. Pfarrarchiv Grimmen, Kirchliche Chronik Grimmen, Bericht Pfarrer Jürgen Schmidt, S. 154–156.

68 Vgl. Pfarrarchiv Grimmen, Schreiben des Instituts für Praktische Theologie an der Universität Greifswald vom 9. Mai 1960, Tagebuch 191/60.

69 Vgl. Pfarrarchiv Grimmen, Konfirmandenregister der Kirchengemeinde Grimmen; LAG, Akte 7.3.78, Zeichen 1/21715, S. 128.

70 Vgl. Pfarrarchiv Grimmen, Brief OKR de Boor Schwerin an Jürgen Schmidt vom 11. Mai 1963, Akte Jugendweihe Pfarrarchiv Grimmen.

71 Vgl. Pfarrarchiv Grimmen, Brief Präsident Hildebrandt, Kirchenkanzlei der EKU an Jürgen Schmidt vom 10. Juni 1963.

72 Vgl. Pfarrarchiv Grimmen, Akte Jugendweihe, Brief Jürgen Schmidt an Bischof Krummacher vom 12. August 1963.

73 LAG, Rep. 200, Akte 7.3. Band 17, Statistische Angaben zur Teilnahme an der Jugendweihe und Konfirmation, Schreiben des Bezirksausschusses für Jugendweihe Rostock vom 10. Juni 1964.

74 Vgl. Pfarrarchiv Grimmen, Akte Jugendweihe, Brief Jürgen Schmidt an Superintendent Winter vom 6. März 1964.

75 In der Aktenüberlieferung ergab sich allerdings kein Hinweis darüber, ob im Kirchenkreis Grimmen die Aufhebung der kirchlichen Rechte bei Jugendweiheteilnehmern jemals auch tatsächlich vollzogen wurde.